The Adventures of Baron Munchausen

教育部统编语文教材指定阅读书目

吹牛大王历险记

[德]埃·拉斯伯

[德]戈·毕尔格 著

陈苏恒 译

百花洲文艺出版社

图书在版编目（CIP）数据

吹牛大王历险记／（德）埃·拉斯伯，（德）戈·毕
尔格著 ;陈苏恒译. —南昌 :百花洲文艺出版社，
2018.1

ISBN 978－7－5500－2560－8

Ⅰ. ①吹… Ⅱ. ①埃… ②戈… ③陈… Ⅲ. ①童话 -
德国 - 近代 Ⅳ. ①I516.88

中国版本图书馆 CIP 数据核字(2017)第 301939 号

吹牛大王历险记

〔德〕埃·拉斯伯　　〔德〕戈·毕尔格 著　　陈苏恒 译

出 品 人　杨建峰
出 版 人　姚雪雪
责任编辑　周振明
美术编辑　松　雪　王　进
制　　作　傅巧贞
出版发行　百花洲文艺出版社
社　　址　南昌市红谷滩世贸路 898 号博能中心 A 座 20 楼
邮　　编　330038
经　　销　全国新华书店
印　　刷　河北鹏润印刷有限公司
开　　本　880mm×1230mm　1/32　印张　7
版　　次　2018 年 1 月第 1 版第 1 次印刷
字　　数　123 千字
书　　号　ISBN 978－7－5500－2560－8
定　　价　28.00 元

赣版权登字 05－2017－514

邮购联系　0791-86895108
网　　址　http://www.bhzwy.com
图书若有印装错误,影响阅读,可向承印厂联系调换。

前　言

　　《吹牛大王历险记》曾是十八世纪德国男爵闵希豪森讲的故事，后来由德国埃·拉斯伯和戈·毕尔格两位作家再创作而成，是介于童话和幻想故事之间的作品。

　　童话的主人公闵希豪森男爵确有其人。他出身贵族，曾是军人，在俄国服过役，和土耳其人打过仗，还酷爱打猎。他是个快乐的冒险家，也是个口若悬河的吹牛大王。童话以他的口吻讲了许多离奇古怪、闻所未闻的历险故事。例如他用眼睛冒出的火星打猎，用一根通条打到七只松鸡，骑着炮弹飞行，在冰山上智斗白熊，在鲸鱼肚子里跳舞，乘船去月球旅行……这些故事想象奇特，语言幽默风趣，让人捧腹开怀。

　　这些荒诞不经的故事，讽刺了十八世纪德国上层社会妄自尊大、说空话的恶劣风气，不仅为儿童及童话作家，而且为广大德国人民所喜爱。高尔基甚至将它与歌德的《浮士德》、莱辛的《解放了的普罗米修斯》等相提并论，称之为受人民口头创作影响的"最伟大的书本文学作品"。不过，用"寓教于乐"的态度来看，它没有"重量", 它的"教育意义"已变得次要。但它确确实实是活生生的生活和机智的产物, 比起那些"局限于愿望满足""带有一点稚气和奴性""沾染着受剥削阶级特有的愚蠢""充斥着运气、金银、神奇的美餐和幸运的儿子——所有这个阶级明显缺乏的福气"的迷信和传奇(考德威尔语, 见《幻象与现实》), 它同时是自发和自觉的, 它在想象力方面是丰富而新奇, 甚至离奇的, 在思想观念和心态上是"解放"的。

2018年1月

目 录

闵希豪森男爵在海上和陆上奇妙的旅行出征和有趣的冒险

杯酒在手，高朋满座，他又娓娓动听地开始了叙述。

到俄国和圣彼得堡去旅行

教堂顶上的马　　狼拉雪橇　　活动的头盖骨

在一个冬天，我从家里出发，到俄国去旅行。在所有旅行者的笔下，穿过德国、波兰、库尔兰和利夫兰等北部地区的路，比攀登道德神殿的路还要坑坑洼洼，然而我完全可以断定：在寒冬季节，去那儿的路准被冰雪铺平了。这可就用不着沿途那些声誉极高的各州政府，说是为民造福，花费巨款去铺路了。

我骑着马儿上路了。要是搭邮政马车，沿途经过德国邮局，任何一位局长都会彬彬有礼地要求你为他办件光荣的事务；他手下那些嗜酒的车夫也会把你拖到每家酒店要酒喝。因此，一般来说，只要马和骑手身体都挺棒，骑马旅行就是最舒服的旅行方式了。只不过，我身上的衣服单薄，顶着东北风走得越远，我越感到受不了。

到了波兰，在一片荒凉的田野上，刺骨的东北风呼啸而过。一个可怜的老人，衣不蔽体，打着寒噤，一动不动地躺在地上。在这样严寒的天气里，在云团翻滚的天空下，一个人见到这样可怜的老人，会是怎样的心情，这是可想而知的。

我从心底里同情这个可怜的人。虽然我浑身冷得要命，但我还是把我的披风扔到他的身上。这时，天上突然响起一个声音，特别赞美我的善行，还对我大声说："让我去见魔鬼吧，我的孩子，你的好心会得到报答的！"

我不去理会这些话，继续骑马赶路，直到夜幕降临。四周黑乎乎的，听不到一点人声，见不到一个村庄。雪覆盖了整个大地，我根本认不出哪儿是大路，哪儿是小路了。

我骑马骑得困倦，于是下了马。雪地上露出一个尖树桩似的东西，我随手把马拴在上面。为安全起见，我把手枪夹在腋下，在离马不远的雪地上躺了下来，美美地睡了一觉。等我张开眼睛的时候，天早已大亮。我发现自己躺在一个村庄的教堂墓地里，着实吃了一惊！我四处张望，也见不到马的影子。不一会儿，我听到上方传来马的嘶叫声，抬头一看，发现我的马吊在教堂尖塔的风信鸡①上。我很快就明白是怎么一回事了。原来昨夜整个村庄被大雪埋没了，后来天气突然变暖，就在我睡觉的时候，雪融化了，我就不知不觉地降到地面上。那个露出雪地的东西，我在黑暗中还以为是尖树桩呢，便把马拴在上面，其实这是教堂尖塔的十字架，也可能是风信鸡。

我没有多加考虑，便抓起手枪，击中了马笼头上的缰

———————————
①测风向的装置，多为鸡形。

绳。很幸运，我用这种方法，又回到了马的身边，我骑上马继续我的旅行。

此后，一帆风顺，我进入了俄国境内。在俄国不时兴冬天骑马旅行。我按照"入乡随俗"的一贯原则行事，在那儿买了一架小雪橇，套上我的马，兴冲冲地朝圣彼得堡驶去。现在我记不清是在爱沙尼亚还是在因格曼兰特，但我清清楚楚地记得是在一座阴森可怕的树林里，我看见一头可怕的饿狼，张着血盆大口，飞快地朝我的雪橇追来。很快它就追上了。最糟糕的是，我无法把它甩掉，只好机械地躺在雪橇上，让我的马为我们双方的利益单独行事。我预料要发生但不希望发生的事，终于发生了。那头狼对我瘦小的身子根本看不上眼，一下子从我头上蹿了过去，疯狂地扑到马身上，把它撕开，一口就把整个马屁股吞了下去。那可怜的马，由于惊恐和疼痛，跑得更快了。我总算保住了性命，偷偷地抬起头来一看，不禁大吃一惊，那头狼几乎把整个身子钻进马肚里，在吞食马的内脏。等它勉勉强强把整个身子钻进了马肚，我就飞快地挺起身，扬起鞭子，狠狠地朝它抽去。钻在马肚里的狼，遇到这种意外的袭击，吓得非同小可，它竭尽全力向前冲去。这一来，马的尸骨被撞倒在地上。瞧，狼到了马原来的位置上，代替了马，套上了马具。我仍然不停地用鞭子使劲抽它，它拉着雪橇往前飞跑。我们精神饱满、相安无事地到了圣彼得堡。完全出乎我们的意料之外，市民见了一个个惊讶得不得了。

先生们，圣彼得堡是俄国雄伟壮丽的首都，我不想只唠叨它的宪法、艺术、科学和名胜古迹而使你们感到无聊；更不想只聊上流社会的种种阴谋诡计和有趣的风流韵事，诸如一位夫人经常在家里用烧酒和响吻接待客人之类。我宁可把话题放到更伟大、更高贵的动物上，以此来吸引你们的注意力，比如，讲讲马和狗，我一直是它们的一位举足轻重的朋友；另外，再讲讲狐狸、狼和熊。像其他野兽一样，这些野兽在俄国多的是，在野兽的数量上，俄国比世界上任何国家都要多。最后，我还想讲讲娱乐聚会、骑士训练和英雄业绩等等，讲这些要比讲一些陈腐的希腊语和拉丁语，要比讲什么小香袋、缨子、法国艺人的闹剧以及理发匠等等，更适合高尚的人的口味。

我还要等一段时间，才能到军队任职，因此，一连好几个月，我总是那么悠闲自在，把我的时间和金钱，以最高尚的方式，花在过去贵族地主的生活上。有的晚上我是在赌博中度过的，还有许多晚上是在酒杯的叮当声中挨过的。北国的严寒和民族习俗，决定了在俄国社交聚会中，喝酒要比在我们枯燥无味的德国厉害得多。我在那儿经常可以发现一些被称为海量的喝酒能手。但这些人同一位灰白胡子、古铜色皮肤的将军相比，都成了不中用的可怜虫。这位老先生在公开场合同我们一起用餐。他在一次同土耳其人的战争中，失去了头顶上的一块头盖骨。因此，每当有个陌生人进来入席时，他总是彬彬有礼、真心实意地表示抱歉，说他在餐桌上不得不戴上帽子。就餐时，他总是习惯先把几瓶葡萄酒喝光，接着照例喝光一瓶烧酒，以告结束，或者根据情况再重新反复几次。可是他从来也没有露出一点醉意。这件事超过了你们的理解力，先生们，请原谅我这么说。当然，这也超过了我的理解力。我好长时间不知该怎样对自己来解释这件事，后来我完全偶然地找到了搞清这件事的钥匙。这位将军有时习惯微微举起他的帽子。我常常发现他举帽子，并没有产生什么不好的想法。他感到前额发热，是自然的；他让脑袋凉一凉，也同样是自然的。然而，我终于发现他在举起帽子的同时，也举起了固定在帽子里的一块银片，想必这块银片是当头盖骨用的；银片一举起，他喝下去的酒化作酒精气，像一团轻轻的云烟从头顶冒了出来。谜一下子揭开了。我把这事告诉了几个要好的朋友，当时正好是晚上，我自告奋勇地表示马上做一个试验，来证明我的看法是对的。于是，我拿着烟斗，走到将军的身后，当他正要扣上帽子时，立即用燃着的点烟纸点着了冒出的酒精气。这时我们看到了一出新鲜的好戏。这位老英雄头上的酒精气立刻变成了火柱，残留在头发间的那部分酒精气，变成了无比美丽的蓝色火焰，像圣光一样，比最伟大的神仙头上的圣光还要壮丽。我的试验使将军无法保守秘密了，但他并没有怎么气恼，反而还允许我们再试一下，好让他的形象变得格外崇高。

打猎的故事

眼睛里冒出的火星　　　　用猪油逮野鸭

通条穿起来的鹧鸪　　　　钉在树上的狐狸

瞎眼的母野猪　　　　　　活捉公野猪

头上长着樱桃树的鹿　　　打火石相撞炸大熊

一拳打进狼的肚子里　　　疯了的外衣

　　像刚才那种有趣的场合，只要有机会，就可以碰到，真是不胜枚举，我就不一一去讲了，因为我还想给你们讲一些内容各异的打猎故事，我觉得这些故事更稀奇，更有趣。先生们，你们不难想象，我向来就善于同那些精明强干的家伙①打交道，而他们也懂得利用开阔的林区，无拘无束地活动。我到林区打猎，不仅是丰富多彩的消遣，而且每次我都特别幸运，总是满载而归，这至今还引起我愉快的回忆。

　　一天早晨，我在卧室的窗口，发现不远的大池塘上游着一群野鸭子。我立即从墙角里，一把抓起猎枪，冲下楼梯。在匆忙中，我一不小心，脸撞在门柱上。撞得好厉

---

①指野兽。

害啊，我的眼睛里冒出了一大串火星儿。但这也没能拦住我。我很快跑到池塘边。当我举枪瞄准，刚想开枪时，我懊恼地发现，刚才猛烈的一撞，使打火石从枪机里弹掉了。怎么办呢？时间可不能耽误啊。幸好我突然想到刚才眼睛冒火星儿的事。于是我打开点火盘的盖子，端起枪对准野鸭子，同时握紧拳头用力朝自己的眼睛打了一下。这猛烈的一拳又打出了许多火星儿，点着了火药，枪响了。这一枪击中了五对鸭子，四只红颈鸟和一对水鸡。是啊，急中生智，是果敢行为的灵魂。士兵和海员常常靠此幸免于难，猎人打到猎物不仅要归功于运气好，更要归功于急中生智。

有一次，我打猎经过湖边。湖面上游着十几只鸭子，但它们分散在四处，此时我一枪只能打到一只；而更倒霉的是，枪里只有最后一颗子弹了。要是能把它们全逮住就好了，因为第二天我要宴请一大帮朋友和熟人。忽然我想起在我带的干粮里还剩有一小块猪油，放在猎物袋里。于是，我把一根很长的牵狗绳拆成四股，一根根接了起来，绳子长了四倍，然后在绳子的一端系上猪油。这时我藏到岸边的芦苇丛里，抛出了诱饵。我高兴地看到离得最近的那只鸭子迅速地游了过来，把它吞了下去。其余的鸭子全跟着第一只鸭子游了过来。因为绳子上的猪油滑溜溜的，所以很快就经过鸭肠子，从鸭屁股后面滑了出来。紧接着，它又被第二只鸭子吞下了，又从鸭屁股后面滑了出来。没有几分钟，猪油在所有鸭子的肠子里漫游了一次而没有被从绳子上扯掉。就这样，所有的鸭子像珍珠似的穿在绳子上了。别提我心里有多高兴了，我把鸭子拖上了岸，把绳子在肩上、身上绕了几圈，就上路回家了。离家还有好长一段路，这么多鸭子压在身上重得要命。我倒有点后悔，鸭子逮得过多了。这时突然发生了一件对我有利的怪事，起初我着实吃了一惊。原来鸭子都还活着，一开始它们是吓蒙了，等恢复过来，便开始用力拍打翅膀飞了起来，把我带到空中。要是换了一个人，就不知如何是好了。只有我才能急中生智，把不利化为有利。我用外套的下摆当作舵，驾驶着这串鸭子朝我的家飞去。一会儿就到了我家房子的上空，现在就看我怎样完好无损地着陆了。我一只一只地扭断了鸭子的脖子，慢慢地降落了，正好掉进自家厨房的烟囱里。幸好炉灶里没生火，我从灶门里出来时，我的厨子惊得目瞪口呆。

　　类似的一件急中生智的事是逮一群鹧鸪。有一次，我外出试用一枝新猎枪，我带的子弹不多，偏偏在子弹都用光了的时候，从我的脚下，扑棱一声，跳出一群鹧鸪。我顿时想，一定要给晚餐添几只美味的鹧鸪。这种愿望促使我急中生智。先生们，我担保，我这方法，你们在紧急的情况下也可以用一用。这时，我看到那群鹧鸪落到了地上，便敏捷地把枪装好了，装的可不是子弹，而是枪通条，我已经很麻利地把它的上端削得尖尖的。然后我走到鹧鸪跟前，它们一只接一只飞了起来，我马上扣动了扳机。我高兴地看到，通条连穿七只鹧鸪，它们连做梦也想不到这么快就被串在一起了。通条慢慢地落在不远的地方。——正如俗话所说，万事只要动脑筋，想办法。

还有一次，在俄国一片景色怡人的树林里，我碰到一只黑狐，它的皮漂亮极了。我想，要是用枪弹把它珍贵的毛皮打个洞，那未免太可惜了。这时那狐狸先生正好紧靠在一棵树下。我马上从枪筒里卸下子弹，装上一根大木钉，开了一枪。这一枪，打得很巧妙，把它的尾巴紧紧钉在树上了。我不慌不忙地走到狐狸跟前，掏出猎刀，在它的脸上划个十字口，然后举起鞭子狠狠地抽它，它的身子乖乖儿从漂亮的皮里窜了出来。看来这是一件真正的趣事和空前的奇迹。

巧遇和幸运往往会弥补过失。我不久经历的一件事就是很好的例子。那次，我走进密林深处，看见一头小野猪，后面跟着一头大的母野猪。我放了一枪，可是没打中。小野猪独自飞快地跑掉了，大野猪却一动不动地站在那儿，好像脚底生了根似的。我很奇怪，走近一看才明白，原来那只大野猪是瞎子，它嘴里咬着小野猪的一小段尾巴，只有这样它才能被小野猪领着向前走。我的子弹正好在小野猪和大野猪的中间飞过，把小野猪的尾巴打断了，大野猪还一直咬着那截尾巴。小野猪逃走了，大野猪失去了向导无法往前走，它就站住了。我抓起那段小尾巴，把一点办法也没有的大野猪牵着回家，它服服帖帖地跟我走，我简直不用花力气。

母野猪往往是可怕的，公野猪更要凶残、危险得多。有一次，我在树林里碰到一头公野猪，偏偏我既无进攻、又无自卫的准备。它像疯了似的一头向我冲来，我一闪身躲到一棵树后，才幸免于难；可它翘起的尖牙却深深地戳到树干里去了，不能马上拔出来，一时也无法再冲击。"哈哈！"我心里说，"看我马上来收拾你！"我拿起一块石头，把它卷起的尖牙完全敲进树干里，它的牙就像铆钉似的被紧紧铆住了，这下它再也无法逃脱。它只好乖乖地在原地等着。我从就近的村子里找来了手推车和绳子，把它活生生地捆住，完好无损地运回了家。这件事我干得真出色。

先生们，毫无疑问，你们一定听到过关于猎人守护神圣休伯特的故事，也一定听到过不少关于一头犄角间长有神圣十字架的壮丽的鹿在森林里与他相遇的故事。每年圣休伯特节，我都要和欢乐的人群一起，向它献上我的祭品。虽然我也成百上千次见过这头鹿，但那是画在教堂里和绣在休伯特骑座星标上的，因此我以一个正直猎人的荣誉和良心起誓，我不敢肯定，过去是否有过这种长有十字架的鹿，今天是否还有。我宁可给你们讲一个我亲眼所见的鹿的故事。有一次，我的子弹都打光了，这时出乎我的意料之外，我碰见了一只世上最雄壮、最美丽的鹿。它那么安详地看着我，好像知道我的子弹袋已经空了似的。我立即把火药装进枪里，还放上一把樱桃核，果肉已被我飞快地吃掉了。枪响了，樱桃核击中了它两角之间的额头。这一枪虽然打得它头昏脑涨，但它晃了几下脑袋，就逃走了。一两年后，我又到那片树林里去打猎。我看见林子里走出一只雄壮而美丽的鹿，两只犄角间长了一棵枝叶繁茂的樱桃树，有十英尺①那么高。我马上想起上次打了一枪樱桃核的事，自然认为这头鹿是我早该猎取的财产了，于是我一枪把它打倒在地。就这样，我只放一枪，既吃到了烤鹿肉，又吃到了甜丝丝的樱桃，因为那棵树上结满了熟透的樱桃。我一辈子还没吃过这么鲜美的樱桃呢。现在也许有人会说，是不是某个神圣的打猎迷，比如一个爱好打猎的修道院院长或者主教，以另一种方法开了一枪，在休伯特的那只鹿的两角间安了个十字架？这样说，是因为这些先生向来就是由于为鹿额上安十字架而出名的，直到今天部分人还是如此。再说，一个正直的猎人碰到艰难险阻，甚至性命不保的情况也并不少见，必要时，他宁可采取一切办法试一试，也不让有利的时机失掉。我有好几次处在这种境地。

我举个下面的实例，你们听了会有什么想法呢？

有一次，我在波兰的一个森林里打猎。天黑了，子弹和火药都用完了。我走回家去，这时，一头可怕的熊，

---

① 1英尺=30.48厘米。

张着血盆大口朝我扑来，想把我一口吞下。我急急忙忙地掏遍了所有的口袋，也没找到子弹和火药，只找到两块打火石，这是为应付紧急情况随身携带的。我使出浑身力气把一块打火石扔进大熊张开的嘴巴里，打火石从它的喉咙里掉了下去。显然这块打火石使熊感到极不舒服，迫使它朝左转过身去，这下我可以把另一块打火石扔进它的肛门了。扔得妙极了，打火石不仅进去了，而且在熊肚里同第一块打火石猛烈相撞，打出火来，轰隆一声，把熊炸成了碎块。有人说，第一块打火石使用得巧妙，尤其是它同第二块打火石相撞时更妙，这就可以把像熊一样粗暴的学者和哲学家炸上天。虽然我这次安然脱险，但我不想再次使用这种小玩意儿，也不想在没有其他防卫武器时同一头熊打架。

然而，不知为什么，每当我赤手空拳的时候，那些最凶猛、最可怕的野兽就来攻击我，好像它们本能地觉察出我丧失抵抗能力似的。有一次，我刚从枪上拧下了打火石，准备把它磨尖一点，突然一只大熊吼叫着朝我扑来。我只能急匆匆地爬到一棵树上，准备自卫。可是不幸得很，在往上爬时，我的刀掉了下去，这把刀我正需要呢，这下我没东西可以用来旋紧螺栓顶住打火石了，也就没法开枪了。这螺栓本来就很难旋动。在树下，那只熊随时会爬上来伤害我，我不得不设法对付。像以前试过的那样，把眼睛打出火星儿来，这种办法，我可不想再试了，因为这会给我造成其他的麻烦，上次用后引起眼睛剧烈的疼痛，到现在还没有完全消失呢。我用热切的目光，注视着下面那把插在雪地里的刀。然而热切的巴望没有使事情有丝毫的好转。终于我想出了一个主意，一个绝妙的主意。人在极度害怕时，总有大量的小便，于是我对准刀撒了一泡，正好撒在刀柄上。那头可怕的熊，刚好也小了便。由于天很冷，滴水成冰，小便马上结成了冰凌，顷刻间在刀的上方形成了一条长长的冰凌，一直伸到树上最低的枝条那儿。我随即抓住朝上竖起的冰凌，毫不费力地，但极其小心地把刀提了上来。我用刀旋紧螺栓，把打火石牢牢顶住，这时候熊先生已经爬在树干上了，"老实说，"我心里想道，"人也得像熊那样聪明，切莫错失良机。"这位熊先生终于接受了我衷心献给的霰弹礼物，永远忘记爬树的本领了。

还有一次，一只可怕的狼出人意料地朝我扑来，离得那么近，我只能本能地挥起拳头，砸进它张开的嘴里。为安全起见，我拼命地把拳头往里塞，手臂全伸进去了，一直到肩膀。但是现在该怎么办呢？我不能说这种形势对我很有利。你们只要想一想，我是面对面地同一只恶狼在搏斗啊！恶狼瞪着我，凶光毕露。从它那一闪一闪发光的眼睛里，我清楚地看出，只要我把手臂一抽出来，它就会猛扑上来，把我撕成碎块。在这紧要关头，我抓住它的肚肠子，像翻手套似的，把它翻了个里朝外，然后把它扔在地上就回去了。

　　这种小恶作剧我要是不在一条疯狗身上重演就好了。就在上面那件事发生后不久，在圣彼得堡的一条狭窄的小路上，一条疯狗在后面紧紧追我。"拼命地跑吧！"我心里想。为了跑得轻快些，我脱掉了外衣，向疯狗扔去，自己飞快地跑到了家里。回家后，我叫仆人把我的外衣捡回来，挂进我的衣帽间。第二天早上，我被约翰惊慌的喊声吵醒了。"上帝啊，男爵先生，您的外衣疯了！"我急忙跳下床，跑到衣帽间，发现我所有的衣服都被扯得乱七八糟，撕成了碎片。我的仆人说得一点儿也不错，我的外衣疯了。我亲眼看见它扑向一件漂亮的新礼服，残忍地把它抖碎扯烂。

闵希豪森男爵的猎狗和骏马的故事

饿了十四天的猎狗　　八条腿的兔子　　追风狗桌上的骏马

　　先生们，在任何情况下，我当然总是幸运的，总是死里逃生，这是机遇帮了我的忙。我凭着勇敢和智慧，随机应变，化不利为有利。众所周知，幸运者有猎人、海员和士兵。不过，也可能会有轻率的猎人、海军司令和将军，这种人只指望机遇，或者只相信自己的头脑，不看重必需的技能，也不配备行之有效的工具，这种人是该指责的。而我是决不会受到这种指责的。我一直是以拥有出色的马、狗和枪而出名，而且也以运用一切特殊的技能而出名，我可以自豪地说，在森林里、牧场上和原野里，我的名声远扬。我虽然不像那些地主老爷那样，对养马养狗和打猎入了迷，整日围着马厩、狗窝和枪械库忙忙碌碌，但是，我养的那两条狗，在我打猎时表现相当出色，使我永远也忘不了他们，因此我想借此机会，讲几件小事吧。两条狗中，有一只是短毛猎狗，它从来不知疲倦，警惕性高，做事小心谨慎，凡是见过它的人，都羡慕我有这样一条好狗。无论是白天还是黑夜，我随时都可以使唤它。夜里，我在它的尾巴上挂一只灯笼，带它打猎时就像在明亮的白天一样。我结婚后不久，有一天，我妻子兴致勃勃地要去打猎。于是，我骑马先行一步，去搜寻猎物。没多久，我的狗发现前面有好几百只鹧鸪。我等我的妻子跟上来，她是同我的少尉侍从和马夫紧跟在我后面的，可是等了这么久还不见他们的人影。我有点不放心，回头去找。大概走了一半路，我隐隐约约地听到一阵凄厉的哭泣声，声音好像离我很近，可四周却看不见一个人。我下了马，把耳朵贴在地上，现在我听清悲伤的哭声是从地底下发出来的，而且听出这是我妻子、少尉和马夫的声音。在这同时，我发现离我不远的地方有一个废弃了的煤井的井口。毫无疑问，我可怜的妻子和少尉、马夫一起掉进煤井里了。我急忙朝最近的一个村子奔去，向矿工求援。他们费了好大的功夫，才把三个遇难的人从九十英寻①深的矿井里救了上来。先是马夫和他的马，然后是少尉和他的马，最后是我的妻子和她那匹土耳其老马。最令人不可思议的是，人和马掉到这么深的矿井里，除了擦破一点皮，肉体上竟没有其他损伤。然而他们由于难以形容的害怕，在精神上受的损伤要严重得多。至于打猎嘛，你们是很容易想象的，那当然打不成了。我猜想，在我讲故事的时候，你们把我的狗也给忘了，因此，等会儿你们可不要抱怨我怎么把它也给省了呢。

　　我由于公务缠身，第二天一早就启程出差了，十四天后才回来。我到家过了几小时，才发现我的狗不见

---

①英寻，古时深度单位，约合1.90米。

了。在这段时间里，谁也没有为它操过心，我手下人都以为它跟我一起走了。现在，令人遗憾的是，什么地方都找不到它。终于我想起来了：它莫非还在看守那群鹧鸪？希望和担忧驱使我立即赶往那个地方。到了那儿，啊，我的高兴劲儿无法形容，我看见我的狗还站在我十四天前离开的地方。"宝贝儿！"我呼唤它，它马上跳了起来，接着，我开了一枪，打中了二十五只鹧鸪。可是，那可怜的狗饿得只剩下皮包骨头了，但它还挣扎着向我爬过来。我只得把它放在马背上带回家。你们一定会想到，我既感到难过，又感到非常高兴吧。我的狗经过几天的精心调养，又变得像原先那样健康了，几个星期后，它还帮我解开了一个没有它也许永远解不开的谜。

事情是这样的：我追一只兔子，追了整整两天。我的狗一直紧追不放，可我总是来不及赶上来开枪。我从来不信邪，经历过的怪事也多，可这时我真有点摸不着头脑了。不过，最后我还是追上兔子，朝它开了一枪，它随着枪声倒在地上，我连忙跑了过去。你们猜，我发现了什么？我看到这只兔子腹部长着四条腿，背部还长着四条腿。它下面的四条腿跑累了，就能像一个又会仰游又会俯游的优秀游泳健儿那样，自己翻个身，用另外四条腿快速地继续奔跑。

这种兔子我后来再也没有遇见过。要不是我的狗如此出色，我也打不到这只兔子。这只狗远远胜过了它的同类，如果没有那条追风狗的话，我本可以称它为"举世无双"的狗。要是追风狗还活着，它会提出这种荣誉应该归于它。它不仅外形奇特，而且速度飞快，因而引人注目。先生们，如果你们见过它，一定会对它赞不绝口，而且不会对我如此喜欢经常带它去打猎感到奇怪。由于它跑得像风一样快，又经常随我去打猎，它的腿渐渐磨短了，只剩下腹部下面的一小截。在它的晚年时，我只能用它来猎獾，它同样显示出良好的素质，仍然为我效劳了好几年。

我顺便提一下，这条追风狗是条母狗。从前还在它奔跑如风的时候，有一次，它追一只兔子，这兔子肚子特别大，看起来怀孕了。我十分同情我那可怜的母狗，因为它也怀孕了，还想跑得像往常那样快。我只能在远处骑马跟上来。突然，我听到一群狗的连续不断的吠叫声，可声音是那样的微弱和娇嫩，弄得我莫名其妙。我走近一看，一个令人难以置信的奇迹出现在眼前。那只母兔在奔跑中生小兔了，我的母狗也在奔跑中生小狗了，而且生下的小兔和生下的小狗一样多。兔子凭本能逃窜，而狗也凭本能追猎，而且把兔子全逮住了。因此，我带着一条狗出来打猎，带回家的一下子有了六只兔子和六条狗。

我很喜欢回忆这条神奇的母狗，也同样喜欢回忆一匹立陶宛的骏马，这匹马是我没花钱得到的。那是一件偶然出现的事情，使我有机会露一手骑术，为自己增了光，因此也得到了这匹马。事情是这样的：有一次，在立陶宛的布尔佐波夫斯基伯爵的庄园里，绅士们都到后面的庭院里欣赏一匹纯种幼马，这匹马是刚从种马饲养场里牵来的，我留在房间里陪太太们喝茶。突然，我们听到一阵呼救声。我急忙冲下阶梯，看见那匹马像疯了似的，正在撒野，谁也不敢靠近它，也不敢去骑它，连最果敢的骑手也惊愕地、不知所措地站在那儿。大家的脸上交织着恐惧和忧虑，这时我一纵身跳上马背，我这突如其来的一招把马唬住了，我又运用高超的骑术使马完全安静下来，把它驯服住了。为了向太太们更好地表演一下我的马技，也为了解除她们不必要的担忧，我夹紧马从一扇敞开的窗子里跳进了茶室。我在室内玩了几个骑马的动作，一会儿慢步，一会儿碎步，一会儿急步，骑了几圈。然后我叫马跳上茶桌，灵巧地在杯碟之间做完了整套骑术练习。太太们看迷了，乐坏了。我的马表演得出神入化，连一只茶壶和杯子都没有打碎，因此我赢得了太太们和伯爵大人的青睐。他把这匹幼马作为礼物送给我，彬彬有礼地请求我收下它，并骑着它奔赴战场，在米尼希伯爵的率领下，在即将进行的反对土耳其人的战争中，赢得胜利，夺取领土。

闵希豪森男爵在土耳其战争中的奇遇

半匹马　　　骑着炮弹飞行　　　拉着头发出沼泽

这件礼物，虽然合乎我的心意，但我本来是不会轻易接受的。我之所以收下了，主要是因为我要奔赴战场，作为一名战士经受第一次考验，它是我建功立业的预兆。这匹马是如此驯服，如此勇敢，真像绵羊加布凯法尔①，它会随时提醒我记住一名勇敢士兵的职责，记住亚历山大大帝在战场上建立的奇功伟绩。

众所周知，我和其他士兵一样，出去打仗是为了挽回俄罗斯军队的声誉，因为彼得大帝在普鲁特②战役中使俄罗斯军队的声誉受到了损害。后来，我们在刚才提到的那位大元帅的率领下，打了几仗，虽然吃尽辛苦，但也感到无上光荣，我们完全达到了出征的目的。

当然，这些伟大的业绩和胜利，是不可能归于下属的，因为他们地位卑微，通常，荣誉应归于那些司令官，不管他们平日为人如何，然而偏偏相反，荣誉全归在沙皇和皇后的名下了，尽管他们从未闻过火药味，也从未

①沙皇亚历山大的坐骑名。
②多瑙河的支流。

上过战场，他们除了御林军，也从未见过任何摆好阵势的军队。

我向敌人发起过多次大规模的战役，本应享有荣誉，但我在这方面并没有什么特殊的要求。总的说来，我们尽了我们的责任感，虽然一大批游手好闲、空谈政治的人对责任感的理解是如此肤浅、贫乏，但一个爱国者，一个士兵，一个正直的人，一谈起责任感，就能说出许多内容广泛、意义深刻、分量很重的话来。当时我指挥一个骠骑兵团，经常打仗，在战斗中，我独有的聪明和勇敢充分地显示出来。我不禁想道，我完全有权利把战功归于自己和勇敢的同伴们，是我指挥他们走向胜利，攻占了要塞。

有一次，我们进攻土耳其人占据的奥克查柯夫要塞，这时，先头部队已发生了激烈的战斗。我那匹立陶宛烈马把我带到了一个该死的地方，使我的处境十分困难。我远离大部队，孤军深入。眼看着敌军扬起一片尘土朝我逼近，我不知道他们有多少人马，也搞不清他们真正的意图是什么。当然，学他们那样扬起灰尘，掩护自己，本来就是一种惯常使用的妙法，但我觉得这还不够聪明，最好是靠近他们，了解他们的意图，我干吗不先发制人呢。于是，我命令左右两翼散开，尽量扬起尘土。而我一马当先冲向敌人，近距离地观察敌情。我成功了，原来敌人站在那儿，挥舞着刀剑，在虚造声势，一见我的侧翼卷起漫天尘土，他们心里怕得要命，顿时阵脚大乱，往后退去。现在是时候了，我指挥部队扑向敌人，把敌人冲得溃不成军。敌人被打得一败涂地，纷纷向要塞的城门口逃窜。我们乘胜追击，又消灭了好多敌人。

我的那匹立陶宛马跑得飞快，因此在追击中，我跑在最前面，冲进了城门。我看到敌人大批涌向后门，逃了出去。这时我觉得有必要在中心广场停一停，叫号手吹号集合队伍。我勒马停住了，然而我既看不到号手，也看不到骑兵团里的任何一个人，先生们，你们可以想象得出，我是多么惊讶啊。我心里寻思："难道他们冲到别的街道上去了？不然，他们又在干什么呢？"根据我的看法，他们不会离得很远，一定会赶来的，我一边思量，一边骑着连气也喘不过来的立陶宛马，来到广场的井边，让它喝点水。马喝啊，喝啊，怎么也喝不够，口渴得像是永远也止不住似的。这真是一件怪事。这时，我抬起头来朝四周扫了一眼，想看看我的人马回来了没有。你们猜，先生们，我看到了什么？我看到，我那匹可怜的马，它后半截身子没有了，像是给拦腰切掉了；因此，它喝进去的水，都从后流了出来，一点也没有使这匹马解渴。

这事是怎么发生的，对我来说，完全是一个谜。这时，我的马夫从相反的方向向我疾驰而来。他连珠炮似的祝贺我，埋怨我，向我说明了事情的原委。原来，我追击过猛，同溃逃的敌人同时挤进了城门，就在这时，要塞里的敌人突然把闸门放下来，一下子把马的后半截身子切掉了。留在门外的后半截马，不停地用蹄子乱蹬乱踢盲目涌向城门的敌人，给了他们毁灭性的打击，然后带着胜利的自豪，跑到附近的草地上去了，到那里去找也许还能找到它。我听了马夫的话后，马上掉转马头，骑着前半截马，飞快地向草地奔去。我果真在那儿找到了后半截马，心里说不出的高兴。更叫我惊讶的是，这匹无头马正在自寻快活，它这种韵事选得恰到好处，就是宫廷里那班专搞娱乐活动的人，即使绞尽脑汁，也想不出让一匹无头马来干一件很有分寸的韵事。总之，我的无头马，虽然在草地上待的时间不长，却同几匹在草地上溜达的母马混得烂熟，成了知己，似乎把自己遇到的不幸忘得一干二净了。

毫无疑问，前半截马和后半截马都还活着。于是我马上派人叫来了军医。他没有多加考虑，就用月桂树的嫩枝把两半截马缝合在一起。为什么用月桂树的嫩枝呢？因为他手上正好拿着它啊。马的伤口很快便愈合了，结果发生了一件只有在这匹声誉卓著的好马身上才能发生的怪事：月桂枝条在马的体内生了根，向上生长，搭成了一座月桂树枝的凉棚。后来，我坐在舒适凉爽的凉棚下，立了不少战功呢。

讲到这里，我想顺便讲一讲与此有关的小事。由于我长久地、拼命地、使劲地砍杀敌人，以致当敌人早已逃之夭夭时，我的手臂还是不由自主地做着砍杀的动作。为了不致平白无故地砍伤自己和走近自己的人，我不得不把手臂在绷带里吊了八天，好像我的手臂给砍掉了半个似的。

先生们，现在你们该相信，一个人能够骑像立陶宛马那样的烈马了。你们也该相信，一个人还能骑另一样东西，这东西不仅可以让人作骑术表演，而且还可以神奇地发出声音来。事情是这样的：有一次我们包围了一座城市，我不记得是哪座城市了。陆军元帅很想知道敌人要塞里的详细情况。但是，要通过敌人的前哨、岗哨和要塞工事，深入到敌人内部，看来比登天还难，几乎是不可能的。他身边也没有一个能干的人可望获得成功。还要算我最勇敢、最有责任感了。我敏捷地站到最大的那门大炮旁边，等它向敌人的要塞开火时，我一纵身跳到飞出的炮弹上，打算让炮弹把我送进敌人的要塞。可是，当我在空中刚飞了一半路程时，我的脑子里产生了各种各样、并非无关紧要的疑虑。"唔，"我想道，"你进去容易，可是怎么出来呢？你在要塞里会遇到什么情况呢？敌人马上会认出你是一名间谍，把你吊到就近的绞架上去处死。这种光荣的下场我可受不了。"经过一番思考，我马上决定利用机会回去。就在这时，从敌人的要塞里打出一颗炮弹，向我们的兵营飞去，在离我几步远的时候，我从我的炮弹上跳到那颗炮弹上。我虽然一无所获，但又安然无恙地回到了自己的兵营里。

不仅我能如此轻快、熟练地腾跳，而且连我的马也能这样做。无论是沟渠还是栅栏，从来都拦不住我的马走笔直的路。有一次，我追赶一只兔子，兔子越过田野，穿过了军用大道。正好一辆载着两位漂亮女士的马车，从我和兔子的中间驶过，我的马飞快而麻利地从马车中间穿了过去，撞开了窗子，我甚至来不及脱下帽子，谦恭地向女士们请求原谅马的放肆行为。

　　还有一次，我想骑马跳过一块沼泽地。起初我觉得它并不宽，可是当我发现它很宽，跳不到对岸时，已经在沼泽地的中间上空了。我急忙调转马头，回到原来起跳的地方，以便来个较长距离的助跑。可是第二次助跑的距离还是太短，一下子掉在离对岸不远的沼泽地里。我陷在稀泥里，只有脑袋露在外面。要不是我的手臂有惊人的力气，我肯定没命啦。我用手一把抓住自己的发辫，拼命往上一拉，由于我双腿紧紧夹住了马，这下便连人带马一起拔了出来。

闵希豪森男爵当了
土耳其人的俘虏，后被释放回国

第一次到月亮上去旅行   惩罚贪嘴熊

扛车夹马过小路   化了冻的声音

    尽管我勇猛异常，机智过人，尽管我和我的马速度飞快，敏捷灵活，力气惊人，但是在土耳其战争中，我并非总是如愿以偿的。我甚至遭到了不幸，被一群土耳其人制服了，成了战俘。唉，还有更倒霉的事呢，我被当作奴隶卖掉了，不过这种事在土耳其人中是习以为常的。我只得忍气吞声，每天干着苦差使，又吃力，又乏味。我干的这种差使真是少见：每天早上，我得把苏丹的蜜蜂赶到草地上去采蜜，放了一整天以后，晚上再把它们赶回蜂房里去。一天晚上，我发现少了一只蜜蜂，赶紧去找它，看见两只熊扑在它身上，为了吃它的蜜，正想把它撕碎呢。这时我手上没有其他武器，只有一把作为苏丹园丁和雇工标记的小银斧。我挥起小银斧朝两只熊扔去，想把它们吓跑。这一扔，真的把可怜的蜜蜂救下来了，但是不幸的是，我用力过猛，小银斧一下子飞上天空，飞啊飞，一直飞到月亮上去了。现在我该怎么办，才能把斧子再取回来呢？该用什么样的梯子，才能爬到月亮上去呢？

突然我想起来了，有一种土耳其豆长的速度特别快，长的高度也特别惊人，可以一直长到天上去。我马上在地里种下一粒，它立刻发芽生长，越长越高，不一会儿，豆藤尖儿就绕住了月亮的一角。我随即攀着藤子大胆放心地向月亮爬去，我终于幸运地到了月亮上。在月亮上要找到我的小银斧可不是件容易的事，因为月亮上任何东西都闪着一片银光。但是我终于在一堆秕糠和干草上，把我的小银斧找到了。

这时，我想重新回到地上去。可是，糟糕，灼热的阳光把我的豆藤晒干了，我再也不能攀着它下去了。现在怎么办呢？有办法了，我跑到干草堆前，用干草搓了一根能搓多长就搓多长的草绳。我把草绳在月亮的一个角上系紧，然后顺着绳子往下溜。我右手抓紧绳子，左手握着小斧。每溜下一段，就把上面多余的一段砍下，重新接在下面，用这个方法我往下溜了很长一段路。当然，这一砍一接，绳子不那么结实了，不能完全保证我平安地溜到苏丹的庄园里。

离地面还有几英里[①]远，我正悬在天上云间的时候，绳子一下子断了，我重重地跌到地球上，昏了过去。我的身体从半空中掉下去的劲儿太大，一下子就在地上撞了个大坑，至少有九寻深。我苏醒过来后，不知该怎样从这个大

————————
[①]1英里=1.609344千米。

坑里出来。然而，不是急中生智吗？我有主意了，我用长了四十年的指甲，挖了一个个台阶，便顺着台阶走到地面上来了。

这段艰难的经历，使我变得聪明一些了，此后我想出了一个巧妙的办法来对付狗熊，免得它缠着蜜蜂找蜜吃。一天夜里，我在大车的车杠上涂满了蜂蜜，然后就躲在大车的附近。我预料的事终于发生了。一只大熊闻到蜂蜜的香味，被吸引过来，开始贪婪地从车杠顶端舔起蜂蜜来。它越吃嘴越馋，不知不觉车杠插到喉咙里去了，然后通过胃肠，从后面伸了出来。当它整个儿身子被穿在车杠上时，我跑到大车跟前，在车杠一头的洞眼里钉进一根长长的木钉子，挡住了贪嘴的狗熊的退路，让它一直待到了第二天早晨。天亮以后，苏丹散步经过这儿，见了笑得直不起腰来。

过了不久，俄国人和土耳其人缔结了和约，我和其他战俘一起被释放，回到了圣彼得堡。但正好碰上大约四十年前的那场大叛乱①，那个睡在摇篮里的皇帝，随着他父母，还有布劳恩斯韦格公爵、明尼希元帅以及其他许多王公大臣，被发配到西伯利亚去了。这时，我决定辞职，离开俄国。那年冬天，整个欧洲冷得要命，连太阳也冻伤了，一副病恹恹的样子。因此，我在回国途中吃的苦头，比来俄国时要大得多了。

因为我把立陶宛马留在土耳其了，所以我不得不搭乘

---

①指1741年的俄国大叛乱。

邮车。当时车子拐上了堤岸，行驶在一条狭窄的小路上，两旁都是高高的荆棘树篱。我叫我的车夫吹起号角，好叫迎面过来的马车闪在一边，免得在这条狭窄的路上堵车。车夫拿起号角，使出浑身的力气吹起来。可是，一切努力都是白费，号角吹不出一点声音来，我们感到莫名其妙。这下不幸的事发生了，不久，一辆马车从我们对面驶来，我们的车过不去了。尽管如此，但我没有被难倒，我从自己的马车里跳下来，卸下车前的两匹马。我把马车连同四只轮子和车上的包裹一起扛到肩上，纵身一跳，跳过了堤岸和大约几英尺高的树篱，落到了对面的田野里。要知道，扛着这么重的马车跳过去，可不是一件容易的事。接着我又纵身反跳，回到路上，这耐已经在那辆马车的后面了。我又急忙走到我的两匹鸟跟前，把它们一只手一匹，夹在胳膊底下，又用刚才的方法，也就是先跳过去，再跳回来，把它们送到我的马车前面，重新驾好车，安安稳稳地驶到旅馆休息。我还应该提一下的是，当我第二次跳过树篱时，那匹大胆的、不过四岁的小马想胡闹，它打着响鼻，用脚乱踢，对我剧烈的跳跃动作显得很讨厌。于是，我把它的后腿塞到我外套的口袋里，很快就叫它安静下来。在旅馆里，我们又从旅途的疲劳里恢复过来。车夫把他的号角挂在壁炉一边的钉子上，我坐在他对面。

先生们，你们猜，这时发生了什么事？号角一下子响起来了："滴——哒哒！滴——哒哒！嘟，嘟，嘟！"我们惊讶得睁大了眼睛，但很快就找到了原因。原来车夫在路上吹不响号角，是因为声音都在号角里冻住了；现在它在壁炉旁渐渐化了冻，就自己往外飞了，又响亮又清晰，像是对车夫表示敬意。这种真正的号角用不着嘴去吹，就能变换出最优美的曲调来，让我们消遣了很长的时间。我们听了普鲁士进行曲——《没有爱情，没有葡萄酒》《我骑在那匹白马上》《表兄米夏埃尔昨晚来过》，甚至还听了晚歌《万籁俱寂》。我的这篇滑稽故事以最后这首歌作为结束，我到俄国旅行的故事也到此结束了。

有些旅行家有时会讲一些故事，这些故事超过了严格意义上的真实，因此，读者和听众不大愿意相信，这也不足为怪。如果你们中有些人怀疑我这些故事的真实性，那么我不得不因他们的怀疑而深表遗憾，并请他们及早离开，因为接下去我要讲我在海上的历险故事，这些故事虽然离奇，但同样是真实的。

第一次海上历险

我刚才讲了到俄国旅行的一些奇妙的故事。其实在我到俄国旅行之前，我还进行过我平生的第一次旅行，那是一次海上旅行。

那时候，我还未脱稚气，常跟白鹅闹着玩。我那个当骠骑兵上校的黑胡子叔叔，一见到我，总是喵喵地学猫叫逗弄我。别人还弄不清我下巴上的绒毛是汗毛还是胡子。然而就在那时候，外出旅行就成了我梦寐以求的唯一愿望。

我父亲早年曾经出去旅行，度过了不少宝贵的时光。他有好多历险的故事，为了排遣冬天难熬的长夜，他总是坦率而真诚地讲给我们听，其中一些最精彩的部分，我以后也可以讲给你们听。因此，你们有充分理由可以认为，我对旅行的爱好是被灌注的。总之，我抓住一切可能的机会，恳求父母满足我那不可克制的欲望，让我出去见识见识世界，然而一切努力都是白费。有一次，我成功地在父亲那儿打开了一个小小的缺口，他同意我的要求，然而母亲和婶婶拼命反对，顿时我的一切努力成果都化为泡影。终于一个好机会来了：我母亲的一个亲戚来看望我们。我很快成了他喜欢的宝贝儿。他常常对我说，我是一个活泼可爱的男孩儿，他想尽力帮助我实现自己梦寐以求的愿望。他说的话比我说的要有用得多，他力排众议，终于取得了成功，我说不出的高兴。他要我陪他航海到锡兰（斯里兰卡）岛去，他的舅舅在岛上当了多年的总督。

我们带着荷兰国王的重要文书，从阿姆斯特丹扬帆出海。我们的旅行，除了碰到一次特大的风暴外，没有碰到其他异常的情况。因为这次风暴造成了奇异的后果，所以我不得不用几句话回忆一下。当时，为了搞到木柴和淡水，我们在一个海岛旁边下了锚。这时突然刮起了一阵飓风，它怒吼着，用惊人的力量把一大片茂密高大的树连根拔起，卷上天空。虽然那些大树有几百公斤重，但它们在五英里高的天空上，看上去就像小小的羽毛一样在飞翔。可是风暴一停，每棵树都掉回到它原来的地方，马上扎下了根，使海岛上一点也没留下风暴洗劫的痕迹。不过，只有一棵大树没有回到它原来的地方。当它被强劲的大风突然卷上天空的时候，正好有一个农夫和他的妻子骑在树枝上摘黄瓜，要知道那里的黄瓜都是长在树上的，他们像布兰夏德①带的阉羊一样，耐着性子做了一次空中飞行。风暴平息时，大树开始降落。由于他们身体很重，压得大树偏离了原来的方向，朝别的地方掉去。他们的国王，在刚才起风时，害怕被埋在废墟里，像岛上大多数居民一样，离开了自己的住所。这时他回到自己的花园里，大树正好掉

①布兰夏德（1753—1809），法国人，1785年7月1日乘气球飞行。

在地上，好得很，当场把他砸死了。

你们要问："为什么要说好得很呢？"

先生们，请允许我给你们讲清楚。因为这个国王是个十恶不赦的暴君，在他的统治下，岛上的老百姓，成了天下最可怜的人，甚至连这暴君的宠臣和贵妃也不例外。在他的仓库里，粮食堆得发了霉，而受他压榨的臣民们，却依然遭受饥饿的折磨。

他的岛国，本来就不用害怕有外来的敌人入侵，尽管如此，他还是把岛上的壮丁统统抓走，用皮鞭毒打他们，使他们个个磨炼成英雄好汉，然后将他们集中起来，一批批卖给邻国出价最高的王公贵族。这一来，他赚取了几百万的新贝壳钱，连同他从他父亲那儿继承下来的几百万贝壳钱，统统放在一起。

有人对我们说，他这套闻所未闻的法则，是他在北方①旅行时带回来的。对这一说法，我们虽有爱国心，但并不表示反对，因为在这些岛民的心目中，到北方旅行，跟到卡纳里群岛②旅行以及到格陵兰游玩，都是一个意思。出于多种原因，我们也不要求对此作出明确的解释。

摘黄瓜的夫妻俩做了件大好事，尽管是偶然的，但岛上的居民为感谢他们作出的伟大的业绩，把他们推上了空缺的王位。虽然这对好心人在空中飞行时，因为离太阳太近，双目失明了，甚至连内心的一点灵光也泯灭了，但他

①指德国。
②大西洋中的群岛名。那里到处是毒蛇。

们依然把海岛治理得很好。我后来听说，没有人吃黄瓜时不说声："上帝保佑国王。"

我们修好了被风暴损坏的船，告别了新国王和他的王后，就乘着顺风扬帆启航了。六个星期后，我们顺利地到达了锡兰岛。

我们到后，大约过了两个星期，总督的大儿子建议我同他一起去打猎，我兴高采烈地同意了。我的这位朋友是个高大健壮的小伙子，习惯了炎热的天气，而我走了不一会儿就累了。当我们走进树林里时，我远远地掉在他的后面。

我早已看见前面有一条湍急的河流，正想在岸边坐下休息一会儿。这时我突然听到后面的路上响起一阵窸窣声，我回头一看，顿时呆住了。一头巨大的狮子正在朝我走来，显而易见，他屈驾光临，用不着征求我的同意，想把我可怜的躯体当早餐吃呢。我的猎枪里装的只是打兔子的小霰弹，这时我惊慌得没有时间多考虑了，决定朝这只猛兽开火，但愿能把它吓走，也许也能把它打伤。然而，我心慌意乱没有等到狮子靠近就开了枪，这一下激起了狮子的怒火，它使尽全力朝我扑了过来。我来不及理智地考虑一下，只是出于本能，试图撒开腿逃走。我转过身，啊呀，在我面前几步远，一条可怕的鳄鱼，正张开大嘴想把我吞掉。我一想起当时的情景，就浑身打寒战。

先生们，你们想象一下我当时的处境是多么可怕啊！前面是鳄鱼，后面是狮子，左边是急流，右边是深谷，后来我听说深谷里经常有最毒的蛇出没。

我相信，就是赫格里斯①在这种处境下，也会像我一样吓得魂飞魄散。我跌倒在地上，心里还能够想的只是等待死神降临，不是被狮子用利爪抓住咬死，就是被鳄鱼的大嘴吞下肚去。几秒钟后，我听到一声异样的巨响。我壮起胆子，抬头一看，你们猜是怎么回事？我看到一幅惊人的奇景，心里说不出的高兴。原来狮子在激怒中朝我扑来的时候，正好我跌倒在地，它就从我头上蹿了过去，掉进鳄鱼张开的嘴里。一个怪物的脑袋正好卡在另一个怪物的喉咙里，两个怪物都用尽全力想挣脱开来。这时我立即跳起身来，抽出猎刀，就那么一下子，砍下了狮子的脑袋，狮子的身子滚到我的脚旁。接着，我又赶紧抓起猎枪，用枪柄把狮子头深深地敲进鳄鱼的喉咙里，结果鳄鱼也给活活地憋死了。

等我完全战胜了两个可怕的敌人后，我的朋友回来了，想搞清楚我掉在后面的原因是什么。他看见我打死的猎物，大大地祝贺了我一番。

我们马上量了一下那条鳄鱼，发现它长达四十英尺七英寸②。

我们把这个不寻常的冒险故事讲给总督听了，他马上派了几个人，用一辆大车把两头野兽运回总督府。当地的制革匠用狮皮给我做了一些烟袋，我把它们赠给了锡兰的一些熟人。剩下的狮皮，我在回到荷兰后作为礼物送给了

①古希腊神话中的大力士。
②1英寸=2.54厘米。

市长，他想送给我一千枚金币，被我婉言谢绝了。那条鳄鱼被制成了标本，现在它还是阿姆斯特丹博物馆最引人注目的展品之一。展出的人对参观者在讲述整个故事时，总要添枝加叶，在很大程度上歪曲了事情的真相。譬如他总是说，那头狮子钻进鳄鱼的肚子，正想从鳄鱼的肛门里脱身时，那位自称是世界著名的男爵，砍下了它的头，连带也砍掉了鳄鱼三英尺长的大尾巴。鳄鱼失去了尾巴毫不在乎，在那位男爵正要离开时，从他的手里夺下了猎刀，使劲朝他挥去，然而挥偏了，正好击中了自己的心脏，当场死了。

先生们，我用不着对你们说，我对这家伙的无耻的行径是多么的讨厌。不了解我的人，在我们这个喜欢猜疑的时代，会轻易受到这种明显的谎言的蛊惑，对我行为的真实性产生怀疑，这在很大的程度上损害和侮辱了一名骑士的荣誉。

第二次海上历险

1766年，我在朴次茅斯①搭乘一艘英国一级军舰到美洲去，舰上有一百门大炮和一千四百名船员。在这里，我本来应该先对你们讲讲我在英国的所见所闻，但我想还是留待以后再说吧。不过有一件事我觉得很有意思，我想顺便提一下。有一次，国王坐在皇家马车里向国会驶去，那个排场真大，我看得很来劲。那个马车夫庄重地坐在马车的前座位上，用他的鞭子甩成一个清晰的G.R.②，就像是人工把它编成似的。

我们平平安安地在海上航行了几天，但是离圣洛伦兹河大约还有三百英里时却出事了，军舰猛烈地撞在海底像是暗礁的东西上。我们把测锤放到水下五百寻深处，还是没有找到暗礁。更奇怪更令人费解的是，不仅船舵丢了，而且船首的斜桅也一折两断，所有的桅杆都从上到下裂开了，两根桅杆被抛出船外。那个正在桅杆上面收主帆的可怜的水手，被抛出船外至少有三英里。幸亏他在掉进水里之前，在空中抓住一只从身边飞过的红鹭鸶的尾巴，从而

①英国港口名。
②十七至十九世纪英国国王乔治一世至五世的姓。

救了自己的性命。他只是轻轻地掉进水里，而且抓住机会伏在它的背上，更确切地说，是抱住红鹭鸶的脖子和翅膀之间的地方，向船游来，后来我们把他拉上了船。还有一点可以证明撞击的猛烈程度：所有在船舱里的人都被撞得弹了起来。我的脑袋猛然撞在天花板上，一下子被撞得缩进肚子里去了，过了好几个月，才慢慢地回到原来的位置上。

就在我们惊讶不已，迷惑不解的时候，一条巨大的鲸鱼出现在眼前，这下一切都搞清楚了。原来这条鲸鱼躺在水面上晒太阳，睡着了，我们的船撞上了它。它被撞醒了，很不满意，用尾巴对准船的后部狠狠扫了一下，把船尾的瞭望台和部分甲板都打破了。它又一口咬住通常挂在船头边的船锚，把我们的船快速地拖了十个小时，至少跑了六十英里。

幸亏后来锚链断了，不然，天知道我们会被拖到什么地方去。我们的船脱了险，但同时也失去了船锚。

六个月后，我们返航回欧洲。在老地方附近，我们又发现了这条鲸鱼，它死了，浮在海面上。我不吹牛，它至少有半英里长。因为我们的船容不下这么个大家伙，所以我们放出我们的小船，费了很大的劲割下了它的头。我们把鲸鱼头拖到甲板上，使我们非常高兴的是，我们不仅在它的嘴里找到了我们的船锚，而且在它左边的一颗蛀牙里找到了四十多寻长的铁链。这次航行，我再也没有碰到比这更奇异的事了。哦，等一等！还有一件不幸的事我差点忘了。在上次鲸鱼把船拖走的时候，船身上有了个大窟窿，海水一股劲儿涌了进来，再过半小时船就要沉没了，即使开动所有的抽水机也保不住我们的性命了。幸亏我第一个找到了窟窿。这个大窟窿的直径差不多有一英尺。我用了各种各样的办法想把洞塞住，然而无济于事。终于我想出了世上最好的主意，救下了这艘漂亮的船和船上众多的船员。当时，我连裤子都没脱，一屁股坐在那个窟窿上，用屁股把它堵上了。即使那个窟窿再大一些，我的屁股还能够堵得住。对此，你们不用惊奇，先生们，要知道我既有荷兰人的血统，又有德国威斯特法伦人的血统。当然我坐在窟窿上冷兮兮的，但很快窟窿就被那位手艺高超的木匠补上了，我从困境中被解救出来。

第三次海上历险

　　有一次，我在地中海碰到了致命的危险。事情是这样的：那是一个阳光明媚的下午，我在离马赛不远的海里洗澡，海水叫人舒服极了。这时，我忽然看见一条大鱼张着大嘴飞快地朝我冲过来。要逃脱，是完全不可能了。在这迫在眉睫的一刻，我当机立断，马上缩起腿，手臂紧贴身子，蜷成一团，滚进它的嘴里，穿过它的牙缝，掉进鱼肚里。大家很容易想到，我在一片漆黑中挨过了一段时间，不过里面又暖和，又舒服。我心想，要是给它的肚子施加一点压力，也许它就愿意放我出去了。由于里面并不缺少活动的空间，所以我又是跺脚，又是跑步，蹦跳，故意戏弄它。我觉得没有什么动作比快速的踢踏舞步更叫他受罪了，于是我跳起了一种苏格兰踢踏舞。它痛得大叫起来，把半个身子伸出了水面。正好一艘意大利商船从这儿开过，船上的人看见了鱼，没有几分钟就用镖枪把它打死了。鱼被拖到甲板上，我听到他们在商量，用什么办法切开这条鱼，取出大量的鱼油。因为我听得懂意大利语，所以我害怕得要命，生怕他们的刀把我连鱼一起剁碎。因为我猜想他们会从鱼的腹部开刀，所以我尽量站到鱼肚的中间，要知道鱼肚里的空间足够容纳十二个人。但我的担心很快就消除了，因为他们从鱼的下腹部开了一道口子。当我看到第一道亮光刚透进鱼肚子里的时候，我就大声对那些人嚷道："我很高兴能见到你们这班先生们，感谢你们把我从闷人的鱼肚里救出来。"

当他们听到鱼肚里发出人的声音时，脸上的惊讶神情简直无法形容。我从鱼肚子走了出来。当他们看清楚是个光身男人时，他们的惊讶神情更是增加了好几倍。总之，先生们，我对他们讲了整个事情的经过，就像我现在对你们讲的一样，他们一个个对这件事惊奇得要命。

在我恢复了精神后，我跳进海里，把身子冲洗了一遍，接着游向岸边，找到了放在岸边的衣服。我算了一下，我在鱼肚里给关了大约三个半小时。

第四次海上历险

我还在土耳其办事时，常常乘着一条游船在玛摩拉海①上消遣，眺望君士坦丁堡的美景，欣赏苏丹的宫殿。有一天早晨，我正在观看壮丽的晴空，发现空中飘着像弹子球那么大的圆圆的东西，下面还吊着什么玩意儿。我马上抓起随身带的那把好鸟枪，装上一颗子弹，朝空中那圆圆的东西开了一枪，但子弹够不着。我又装上两颗子弹开了一枪，但子弹还是够不着。我装上四五颗子弹，开了第三枪，在那东西的一侧打了个洞，它才开始往下降落。当看到一个比塔楼的圆形屋顶还要大的气球，吊着一个下部镀金的车斗，降落到离我的游船大约两寻的地方时，你们可以想象，我是多么惊奇啊。在车斗里有一个男人，他还带了半只羊。我刚从惊奇中恢复过来，就同我的手下人把不透水的救生圈拴住了那团奇特的玩意儿。

那个人看上去像是法国人，其实他真的是法国人。他衣服的每个口袋里都挂着几根精美的表链，链上坠着的小饰物上似乎画着有地位的老爷和夫人。每个纽扣洞里都挂着一枚金质奖章，至少值一百杜卡特②。他的每个手指止都

---

①欧洲和小亚细亚之间的内海。

②十四到十九世纪欧洲通用的金币名。

戴着一枚贵重的宝石戒指。他外套的口袋里装满了金子，沉甸甸的，几乎使他站不起来。"天哪，"我想道，"这个人一定为人类做了特别重要的事，才使得有地位的老爷和夫人们一反平时吝啬的本性，送给他这么多礼物，压得他站都站不起来。"

他由于在降落时受到了惊吓，一时连一句话也说不出来。过了一段时间他才恢复了正常，说出了下面的话。"我虽然没有足够的才智和知识发明这个飞行器，但我有足够的像杂技演员一样的冒险精神作飞行表演，我已经做过几次飞行表演。这一次，时间我记不确切了，大概是七八天前，我在英国的克伦威尔①海岬升空，还带了一只羊，在成千上万看热闹的人的注视下，做降落的特技表演。不幸的是，我升空刚十分钟，风向变了，我没有被带到预想的着陆地点埃克塞特，而是被带到了海的上空，这整个儿时间我大概一直在高得无法测量的空中飘荡。在第三天，我饿得只好把羊杀了。当时我上升的高度超过了月亮，十六个小时后，离太阳很近了，我的眉毛都给烤焦了。我把剥好皮的死羊放在车斗里太阳光最强的地方，换句话说，放在没有气球阴影的地方，我用这种方法在三刻钟后把羊烤熟了。我就靠吃烤羊肉活了下来。"

说到这儿他停住了，打量起周围的景物。我告诉他，眼前的建筑物是君士坦丁堡君主的宫殿，这时他才相信自己已在他国异邦，似乎非常震惊。终于他又说道："我在

①英国西南部的半岛。

空中一直飞行的原因是，我把系在气球活门上的绳子拉断了，没法把气体放掉。要不是你朝气球开火，把它打破了，它也许要像穆罕默德①与世长辞那样，一直在空中飘到世界的末日。"后来他把车斗慷慨地送给了掌舵的水手长，把剩下的烤羊扔进了海里。至于气球，由于我把它打了个洞，它在降落时已完全被撕成碎片了。

---

①伊斯兰教的奠基者。

第五次海上历险

飞毛腿　　顺风耳　　神枪手　　大力士
用鼻孔吹风的人　　尼罗河上遇险

先生们，要喝完一瓶刚送上的酒，还有一段时间。因此，我再对你们讲一些奇事，这是我上次回欧洲前几个月碰到的。我在土耳其时，由罗马、俄国和法国大使介绍给苏丹，他请我吃了饭，委托我到开罗办一件重要的大事。那是一件秘密事，一辈子都得瞒着所有的人。

我启程时，带着众多的随从，排场很大。在路上，我只要有机会，便收留那些很有才干的人，扩充我的侍从队伍。

我离开君士坦丁堡才几英里路，看见田野上跑来一个瘦瘦的小个儿。他跑得飞快，每只脚上还挂着重约五十磅①的大铅球，真是太神奇了。我把他喊来，问道："你跑这么快，上哪儿去啊，朋友？干吗脚上还要挂着铅球，这不是给你加重了负担吗？"

"我从维也纳来，跑了半个小时了，"他回答说，

———————

①50磅=22.68千克。

"在维也纳，我在一位高贵的主人家干活，今天我被解雇了，想到君士坦丁堡找工作。我脚上挂着铅球，是为了减慢速度，因为我现在不想跑得太快。我的老师从前总是对我说，不快不慢可持久。"

我很喜欢这个飞毛腿，就问他是否愿意留在我身边工作，他很高兴地答应了。后来，我们继续赶路，又走过了一些城市和乡村。

有一天，我看见路旁有一块美丽的草地，一个人静静地趴在田埂上，我以为他睡着了。其实他不是在睡，而是用一只耳朵贴在地上专注地听什么，好像在听地狱里的动静。

"你在这儿听什么，朋友？"

"我在这儿听这里的草怎样生长，仅仅是为了消遣消遣。"

"你能听见吗？"

"当然啰，这是小事一桩！"

"既然如此，你就为我工作吧，朋友，在路上总会有用得着你耳朵的时候的。"

他一跃而起，跟我走了。

走了不远，在一座小山上，我看见一个举着猎枪的猎人，朝蔚蓝色的天空放了一枪。

"您好，猎人先生！你在打什么呀？除了蔚蓝色的天空我没看见其他东西呀。"

"噢，我只是试试这枝新的库亨罗伊特猎枪。刚才我射中了一只停在斯特拉斯堡①大教堂塔尖上的麻雀。"

我马上伸出双手拥抱了这位神枪手，只要知道我是一个喜欢狩猎和射击的人，就不会对我的这种举动感到惊奇了。我也请他为我做事，他很高兴地跟着我走了。

我们继续赶路，又穿过了一些城市和村庄。在经过黎巴嫩山的时候，我看见一个结实、粗壮的人站在一大片雪松林前，用一根绳子套住了整个雪松林，用力地拉着。

"你在拉什么呀，朋友？"我问他。

"噢，我要砍点树木造房子，可是我把斧子忘在家里了，所以才想出了这个办法。"

说完话，他把绳子一拉，整整一平方英里②大的树林，就像一片芦苇一样倒在我的面前。

我该怎么办呢，那是可想而知的。我当然不会放他走的，我花了当大使的全部薪金请他为我工作。

后来我们继续赶路，到了埃及。这时起了一阵可怕的风暴，我连同车、马和随从都被刮得满地乱滚，我真担心会被刮上天去。我看见路的左边有七架风车，风翼像纺得最快的织女的编锤，围着车轴飞速地旋转着。离路的右边不远，站着一个像约翰·福斯塔夫③似的大块头，用食指按住了右鼻孔。他一看见我们被吹得团团转的样子，就转过半个身子，然后，对着我们，像一个士兵对上校一样，恭

---

①法国东部城市。
②1平方英里=2.59平方千米。
③莎士比亚戏剧中的人物，肥胖、机智、好吹牛。

恭敬敬地脱下帽子向我致敬。这时，风一下子停了，七架风车突然全不转了。对这件怪事，我感到很惊讶。

"喂，这是怎么回事？"我大声地问那个怪物，"是魔鬼附在你身上呢，还是你自己就是魔鬼？"

"请原谅，阁下！"他答道，"我是在给我的主人磨坊主吹点风转动风车。为了不把七架风车吹倒，我只得按住一个鼻孔。"

"啊，真是一个了不起的人！"我心里默默地说，"将来你回到了家，讲起陆上和海上旅行碰到的奇事时，如果讲得中气不足了，那这个人就能派上用场了。"

我很快就和他成交了，他丢下风车跟我走了。

就这样，我们到了开罗。不久我就圆满完成了苏丹委托我办的事。我辞退了全部无用的随从，只留下那五个新的不平凡的人做我的仆人，带他们回去。因为天气晴好，尼罗河景色壮丽，特别诱人，所以我租了一条船，从水路旅行，到亚历山大港去。我们顺利地航行了两天。先生们，你们也许多次听说过尼罗河每年的洪水泛滥。在第三天，就像传说的那样，尼罗河水开始泛滥了。一天后，两岸几英里宽的陆地都被淹没了。第五天，太阳下山后，我的船被什么东西缠住了，我觉得那东西像是枝丫。第二天天亮后，我发现四周都是杏子，这些杏子熟透了，味道鲜美。我们放下测锤，测出我们浮在至少六十英尺高的水面上。糟糕的是，我们进退不得。我根据太阳的高度判断，在八九点钟的时候，突然刮起一阵风，把我们的船倾向一侧，水漫进了船，船渐渐下沉。你们马上就会想到，这时我什么也听不到，什么也看不到，只好听天由命了。

幸亏我们八个男人和两个小孩抓住了树枝，虽然树枝承受不了船的重量，但承受得了我们的重量，这下我们得救了。在树上我们待了三个星期又三天，完全靠杏子为生。当然饮用的水并不缺，这是不言而喻的。在我们遭到厄运的第二十二天，水又很快地退了下去。在第二十六天，我们从树上下来，到了陆地上。我第一眼看到的令人高兴的东西是我们的船，它离沉没的地方二百寻左右。我们把所有用得上的东西在阳光下晒干，又带上从船上储藏室里取出来的生活必需品，然后动身出发，以便重新回到尼罗河畔，再乘船上亚历山大港。根据我的精确计算，我们被冲到一百五十英里远的地方，漂过了数不清的花园的围墙和养兽场的篱笆。六天后，我们到了尼罗河边，河水又在河床里流淌了。我把我们的历险故事讲给当地的一位总督听了。他很热情地帮我们解决了一切必需品，并派人用他私人的船送我们到亚历山大。六天后，我们到了亚历山大，又乘船回到了君士坦丁堡。我受到苏丹特别友好的接待，并得到了进入他的后宫的殊荣。他纡尊降贵，亲自把我领进去，为了让我尽情欢乐，又将许多淑女宫妃让我自行挑选。

先生们，我从不习惯吹嘘自己的艳遇，因此我到此打住，祝你们晚安。

第六次海上历险

男爵讲完了埃及之行的故事，站起身来，打算去睡觉，而在座的每位听众，本来已经困得注意力不大集中了，一听到他提起苏丹的后宫，顿时来了精神。他们很想听听有关后宫的韵事。然而，男爵对此毫无兴趣，尽管如此，他禁不住兴致勃勃的听众的一再恳求，没有一口回绝，准备再讲一讲那几个怪仆人的故事，于是他继续讲了起来：

总而言之，我从埃及回到土耳其后，受到苏丹的重视。没有我，他简直活不下去了，所以日夜请我去赴宴。先生们，在世上所有的君主中，土耳其苏丹的餐桌最丰盛了。这当然是指菜肴，而不是指酒而言，因为你们都知道，穆罕默德的教规是禁止他的信徒喝酒的。在土耳其公开宴会的餐桌上，是不会有人放上酒瓶的。然而不能公开做的事，常常在暗地里做。有些土耳其人就像品行最端正的德国高级教士那样善于违反禁令，知道采用什么办法品尝一杯好酒。这位高贵的土耳其苏丹也是如此。在公开的宴会桌上，通常都有伊斯兰教的经典学家出席，他们总是要做餐前祷告"与民共乐"和餐后祷告"感谢安拉"，关于酒这个词他们连想也不想。然而在散席之后，在苏丹的内室里，总有一瓶好酒在等着他。有一次饭后，他亲切地偷偷地朝我使了个眼色，要我跟他进内室去。要我们关好房门后，他就从一个小柜子里取出一瓶酒，对我说："闵希豪森，我知道你们基督徒很会品酒。我这儿还有最后一瓶陀卡日酒，你恐怕这辈子还没喝过这种好酒。"他说着给我，也给自己斟了一杯，然后同我碰杯。

"你认为这酒怎么样？味道美不美？"

"嗯，不错，陛下！"我答道，"不过，恕我直言，在维也纳时，我在先王卡尔六世那儿喝的陀卡日酒比这要好得多。天哪，陛下真该品尝一下。"

"亲爱的闵希豪森，您说的话，我一向是尊重的，不过，还有比这更好的陀卡日酒，这是不可能的事，因为这瓶酒是一位匈牙利宫殿侍臣送给我的，嘿，他还舍不得送人呢。"

"他在戏弄您，陛下！这种陀卡日酒同那种陀卡日酒有很大的差别。匈牙利的大人们转送的不是地道的陀卡日酒。我敢打赌，只需一个小时，我就可以直接从维也纳国王的酒窖里拿来一瓶完全两样的陀卡日酒。"

"闵希豪森，你在胡扯！"

"我没有胡扯。过一个小时，我就可以直接从维也纳国王的酒窖里取来一瓶陀卡日酒给您尝尝，一比，您就会知道，您的酒不过是酸饮料。"

"闵希豪森，闵希豪森！您在戏弄我，我不许您这样。虽然我一向认为您是一位世上顶诚实的人，但现在我可要认为您是吹牛大王。"

"既然如此，陛下，那我一定要做给您看看。如果我的话没有兑现，那我就是在吹牛，就是一个令人深恶痛绝的敌人，那就请您砍掉我的脑袋。但我的脑袋不是不值钱的东西，您拿什么跟我打赌？"

"好，我跟您打赌。如果到四点钟陀卡日酒还没拿来的话，我就毫不客气地砍掉您的脑袋，因为我绝不会容忍我最要好的朋友来戏弄我。如果您赢了，您就可以从我的宝库里拿走一个大力士所能拿得动的金子、银子、珍珠和宝石。"

"好极了！"我说道，"这条件我同意。"

我请求他马上给我笔和墨水。我当即给玛利亚·特蕾茜亚女王写了如下的一封信：

女王陛下：

您作为唯一的继承人，当然也继承了您父亲的酒窖。我呈上此信，恳求陛下赐给我一瓶陀卡日酒，像我往日在先王那儿经常喝的那种。当然是最好的一种！因为事关一场打赌。为此我愿随时效犬马之劳……

写完这封信已经三点零五分了，我赶紧把信交给了飞毛腿，要他解下脚上的铅球，立即动身到维也纳去。然后我和苏丹一边等美酒送来，一边喝干了苏丹的那瓶酒。

钟敲了三点一刻，敲了三点半，敲了三点三刻，可是飞毛腿还没有回来。我承认，渐渐地，我开始心神不安起来，因为我觉得苏丹已经在不断地望着一只铃铛的拉绳，准备用铃声叫刽子手进来。不过，我还是获得苏丹的允许到花园里去吸点新鲜空气，但是身后寸步不离地紧跟着几个宫殿侍从。这时已经是三点五十五分了，在绝望中我派人快去叫神枪手和顺风耳。他们立即赶来了。顺风耳马上伏到地上，倾听是否有飞毛腿的脚步声。他告诉我，那个捣蛋鬼在很远的地方睡得很沉，因为他呼呼的打鼾声可以清楚地听到。这可把我愁坏了。我的那位神枪手没等听完顺风耳的话，就跑到一个高高的平台上，踮起脚来，向远方一望，便急匆匆地嚷了起来。"我的天哪！这个懒汉躺在贝尔格莱德附近的一棵橡树下，身边还放着一瓶酒。你等着瞧吧，我叫你痒得跳起来。"他说着就举起装满弹药的库亨罗依特猎枪，朝那棵橡树的树梢放了一枪。像雹子般的橡果、树枝和树叶稀里哗啦地掉在熟睡的飞毛腿的身上，把他弄醒了。他生怕睡过了时间，马上抓起酒瓶，撒开腿就跑。当他带着酒和玛利亚·特蕾茜亚的亲笔信到达苏丹内室的门口时，四点只差半分钟了。这真是叫人太高兴啦！瞧，嗜酒的苏丹咂了一口酒，简直乐坏了。"闵希豪森，"他说，"请您别见怪，我想独自享用这瓶酒。您跟维也纳的关系比我密切得多，您一定有办法弄到更多的美酒。"说着，他把酒瓶锁进柜子，把钥匙放好在裤袋里，然后拉铃叫人把司库大臣找来。啊，这铃声听起来多美妙啊！

司库大臣走进内室，苏丹对他说："我现在要你支付我的赌注，让我的朋友闵希豪森从我的国库里拿走一个大力士所能拿得动的金银珠宝。"

　　司库大臣向苏丹深深鞠了个躬，苏丹真诚地握了握我的手，让我们两人走了。

　　先生们，正如你们所能想象的那样，我立即有效地执行了苏丹的命令，叫我的大力士带着长麻绳，跟我进国库。我的大力士把所有的金银珠宝捆了一个巨大的包裹扛在上肩，哪里还有剩下的，你们想拿也拿不到了，然后我们急匆匆向港口跑去。我在那里租了一艘大船，把金银珠宝装了满满的一船。趁苏丹还没来得及反悔时，我和我的侍从们急忙扬帆起航。

　　但是我担心的事终于发生了。那个司库大臣急急忙忙跑去找苏丹，连宝库的小门和大门都没有关，当然他也根本没有必要把门关上了。他向苏丹报告说，我把整个宝库都搬空了。苏丹听了大发雷霆，十分后悔轻率地跟我打了赌。他马上命令海军元帅出动全部舰队追赶我，并要他对我说明我们没有打过赌。我出海还不到两英里，这时，看见整个土耳其的战舰扬满帆朝我追来。我得承认，我那刚刚在肩膀上长结实的脑袋，又开始摇摇欲坠了。这时，那个用鼻孔吹风的仆人走到我身边，对我说："别担心，阁下！"说着，他跑到船尾，把一个鼻孔对准土耳其舰队，另一个鼻孔对准我们的船帆，吹起一阵狂风，把土耳其战舰上的桅杆、船帆和缆绳吹得七零八落。土耳其的船队一下子被吹回了港口，而我们的船只用了几个小时，就一帆风顺地到了意大利。

然而我并没有从我的财宝中得到什么好处。因为在意大利，贫民和乞丐是那样的多，而警察又是那样的坏，尽管魏玛图书馆馆长雅格曼先生竭力为意大利的声誉进行辩护，但现状毕竟是如此，所以我这个心地善良的人，拿出了大部分财宝，施舍给了街上的乞丐。剩下的财宝，在我去罗马的途中，刚踏上圣地罗累托，就被一伙强盗抢走了。这些先生的良心会感到不安的，因为他们抢走的这些财宝，数额是如此可观，以致行为规矩的人只要取得其中的千分之一，就可以通过贿赂从罗马教皇的手里，为自己，为他们的子子孙孙，获得赎取过去和今后一切罪过的豁免权。

先生们，说实在的，现在已经到了我睡觉的时候了。祝你们晚安！

第七次海上历险

在闵希豪森男爵离开后，他的一个旅游伙伴成
了讲故事的人，他讲了一个真实可靠的历险故事。

闵希豪森男爵讲完了上面的历险故事，后来没有多
等，真的站起身来，离开了那些兴致勃勃的听众。不过他
答应，等最近有适当机会时，再讲一讲听众一直感兴趣的
有关他父亲的历险故事，以及其他一些奇闻轶事。

这时，在座的每个人，都可以按各自的方式随意讲一
些消遣的故事了。他们当中有个人，曾经陪同闵希豪森男
爵到土耳其旅行过。他说，在离君士坦丁堡不远的地方，
有一门巨型大炮，托特男爵在他新近出版的回忆录中特别
提到过。我记得他是这样写的：

"土耳其人在城郊著名的西摩埃河岸的城堡上，架
了一门巨型火炮。它完全由青铜铸成，发射的是大理石炮
弹，每颗重达一千一百磅。我很有兴趣放它一炮，看看它
有多大的威力。我周围所有的人都怕得浑身打战，因为他
们确信这一炮将会毁掉整个城堡和城市。在我的开导下，

他们的害怕心理逐渐消除，我才得到允许点火开炮。这门炮至少要装三百三十磅的火药，炮弹的重量，我刚才已经说过，是一千一百磅。当炮手拿着引信走近大炮时，我周围所有的人都往后退到离大炮尽量远的地方。总督出于担心，也赶来了。我好不容易才把他说服，叫他别担心会有什么危险。这时就连要按我的命令开火的炮手，心里也怕得怦怦直跳。我在大炮后面的掩体里坐下，发出了开火的信号，随即我感到像地震似的猛烈的震动。在三百寻开外，炮弹裂成了三块，飞过海峡，击中了对岸的山丘，宽阔的海峡里顿时被碎石激起了一片浪花。"

　　先生们，这些就是我所记得的托特男爵关于这门世界最大的大炮的描述。当我和闵希豪森男爵参观该地时，托特男爵对我们讲了这件事，作为他胆子特别大的一个例子。

　　我的恩人闵希豪森，完全不能容忍这个法国人胜过他，于是一下子把这门大炮提了起来，扛到肩上，跳进海里，游到对岸。然后，他想把大炮扔回原来的地方，然而很不幸，我说的是，很不幸！他挥手扔大炮时，大炮脱手早了一点，一下子掉在海峡的中间，直到今天还躺在那儿，也许一直要躺到世界的末日。

　　先生们，因为财宝的事，闵希豪森男爵同苏丹的关系完全搞坏了，他失去了苏丹的宠爱。但这件事，苏丹很快就忘记了，因为他又搜刮了足够的金银珠宝，把自己的国库填满了。他写了亲笔信，再次邀请男爵去土耳其。闵希豪森男爵应苏丹的邀请到了土耳其。这是他最后一次在土耳其，要不是他把大炮扔到了海里，激怒了残暴的苏丹，弄得苏丹下令砍掉他的头，那他也许现在还在土耳其。苏丹的一个王妃，是男爵的情人，她一得知这个残忍的命令，就立即把消息告诉了他，而且在执行命令的军官和士兵寻找他时，把他藏在自己的房间里。第二天夜里，我们逃到一艘船上，这艘船正要扬帆启航，开往威尼斯。我们总算幸运地逃走了。

这件事，男爵不喜欢提起，因为他扔大炮失了手，还差点为此送了命。但我认为，这件事无损于他，因此我往往背着他讲给人听。

先生们，你们都很了解闵希豪森男爵先生，但愿你们一点也不要怀疑他是一个诚实的人。刚才，我不想直截了当地介绍我的情况以作为我讲故事的先决条件，现在我不得不说一说我是谁，以免你们也糊涂起来，对我讲的故事产生怀疑。

我的父亲，也许我至少可以这样认为吧，他是一个出生于伯尔尼的瑞士人。他从事一种管理街道、林荫道、胡同和桥梁的工作。这种职业在那儿叫作……嗯，清道夫。我的母亲，出生于萨伏衣山区，她颈子里生了个很漂亮的甲状腺肿囊，在那个山区，女人长这玩意儿是很平常的事。她年纪轻轻，就离开了父母，来到我父亲出生的城市，寻求她的幸福。只要她还是个单身女人，就能通过各种恋爱之事挣到生活费用。因为大家都知道，如果恳求她效劳，特别是很有礼貌地恳求她效劳，那她是从不会拒绝的。有一次，这可爱的一对儿，在街上碰巧相遇了，因为他俩都有点醉了，所以走起路来跟跟跄跄，互相撞倒了。这时他们吵得很厉害，因此被人拖到巡逻队里，给关了起来。他们很快认识到争吵是愚蠢行为，放出来后，他俩相爱并结了婚。但我的母亲故态复萌，我的父亲很看重名誉，不久就同她离了婚，给了她一只背篓，让她拾破烂维持生计。后来她同一个流浪的木偶戏艺人结合了。随着时间的推移，她受命运的摆布到了罗马，开了一家牡蛎铺。

你们一定听说过当时的罗马教皇克莱门十四——甘甘奈利喜欢吃牡蛎。有一个星期五，罗马教皇前呼后拥地到圣彼得教堂做弥撒。在路上，他看到了我母亲的牡蛎，这些牡蛎就像她常常对我说的那样，又好看，又新鲜。他不尝尝这些牡蛎，是不会上教堂去的。虽然有五千多人在等着他，但他仍派人告诉他们，叫他们在教堂里静等，他要到明天才能去做弥撒。然后他跳下马，在这种场合，教皇总是骑马的。他走进我母亲的铺子，把现有的牡蛎全吃光了，又随我母亲到了地下室里，这儿还有更多的牡蛎。这个地下室是我母亲的厨房，又是卧室。他很喜欢这个地下室，就把他的随从都打发走了。他同我母亲在地下室里过了一夜。第二天早晨离开前，他赐给我母亲全面的赦免权，不仅赦免她现有的种种罪孽，而且赦免她今后干那种寻欢作乐的事犯下的一切罪孽。

先生们，我以我母亲的名誉担保，我就是那个夜晚他们结下的果实，谁会怀疑我母亲的名誉呢？

闵希豪森男爵继续讲的故事

射得非常准的一炮　　　　把三百多门大炮扔进大海
用投石器投炸弹　　　　　　奇异的海底世界
拿人当炮弹

　　大家不难想象，只要一有机会，闵希豪森男爵就被人请求着，要他遵照自己的诺言，把既有教育意义，又有消遣性的历险故事继续讲下去。然而好长时间，一切请求都是白费精力。他向来有一个值得称道的习惯：不干自己没兴致干的事；他还有一个更值得称道的习惯：不需要什么理由，也可以改变上述的原则。终于，一个让人久久盼望的夜晚来临了。在这个晚上，他倾听着朋友们的要求，脸上露出愉快的微笑，这肯定是一个好兆头：他的灵感来了，他们的愿望马上就会实现。大家默默无声，屏息凝神，眼睛眨也不眨。闵希豪森坐在一张高坐垫沙发椅上，开口讲起来：

　　上次，在直布罗陀被围困时，我乘一艘由罗德尼勋爵指挥的军粮船，到要塞去拜访我的老朋友埃利沃特将军。他后来在保卫要塞中战功卓著，得到了不朽的盛名。我和老友重逢，喜不自胜，等我的心情稍微平静下来，我就在将军的陪同下，在要塞里四下巡视，以便了解防御工事和敌人的部署情况。我从伦敦带来了一架高度精密的大望远镜。我举起望远镜一看，发现敌人正准备用一门三十六磅的大炮，向我们站着的地方开火。我把这情况告诉了将军；他也从小望远镜里看到了这一情况，认为我的判断完全正确。

我得到将军的允许，立即从附近的炮兵中队调来了一门四十八磅重的大炮，对准了敌人的大炮。关于炮兵这一行当，我可以自豪地说，还没有人能胜过我。我瞄得很准，完全有命中的把握。

这时，我密切地注视着敌人的动静，等到敌人的炮手把点火棒放到大炮的点火口时，我立即发出了命令，我们的大炮同时开火了。大约在射程的中途，两颗炮弹猛然相撞，结果实在令人惊异。敌人的炮弹给猛烈地撞回去了，不仅打掉了敌人炮手的脑袋，而且在向非洲海岸的飞行途中，削掉了挡道的十六个人的脑袋。港口里停泊着三艘首尾相接的大船，它打断了船的主桅杆，然后飞进非洲大陆二百英里，最后掉向一所农舍。农舍里，一个老太婆正张着嘴巴，仰面躺着睡觉。炮弹打穿了屋顶，掉进老太婆的嘴里，撞掉了她仅存的几颗牙齿，卡在这个可怜的老太婆的喉咙里。不久她的丈夫回来了，想把炮弹拔出来，但怎么拔也拔不出来。于是，他当机立断，用铁夯把炮弹夯进她的肚子里，后来炮弹顺着自然的通道，从肛门里排了出来。至于我们的那颗炮弹，表现也很出色。它不仅把敌人的炮弹撞了回去，而且按照我的意图，继续走自己的路，把对准我们的那门大炮从炮架上高高地掀起，使劲摔到一艘敌舰的船舱里，把船底击穿了。船一漏水，近千名西班牙水手和数字可观的士兵随船沉入海底，

这是一项多么了不起的业绩，但我没有要求把功劳统统记在我的账上。当然，我想出这个主意，靠的是我的机智，但也有偶然因素帮了忙。因为事后我才发觉，我们四十八磅重的大炮竟装了双倍的火药，这样一来，我们的炮弹巧妙地把敌人的炮弹撞了回去，取得了意料之外的效果。

因为我立下了特殊功劳，埃利沃特将军想请我担任官职，但被我谢绝了。在晚上举行的盛宴上，他当着全体军官的面，对我表示衷心的感谢，有这点我就知足了。

我非常喜欢英国人，他们无疑是最勇敢的人，因此我为自己立下一条准则：留在要塞，再给他们帮个忙。大约过了三星期，我又有了一个效劳的好机会。在夜里一点左右，我装扮成天主教牧师，悄悄地溜出要塞，幸运地穿过敌人的前沿阵地，潜入他们的营地。我走进阿尔托伯爵的帐篷，他正同总司令以及其他将领拟定一项计划，打算一大早进攻我们的要塞。我的装扮掩护了我，没有人叫我退出去，我清清楚楚地听到了他们讨论的全部行动计划，后来他们都去睡觉了。这时我发觉整个营地都沉睡了，甚至连哨兵也睡得正香。我立即行动起来，把他们的大炮，从

四十八磅重到二十四磅重的，一共有三百多门，全从炮架上卸下来，统统扔到三英里外的大海里。这可是一件繁重的工作，因为我根本没有一个帮手，这是我所做过的最吃力的一件事，当然有一件事除外。我听说，最近我的一位熟人在我不在场时，认为有必要把这件事告诉你们，那就是我曾经扛着托特男爵描述过的那门土耳其大炮，游到了海峡的对岸。话再说回来，我做完这件繁重的工作，就把所有的炮架和炮车运到营地的当中，为了不让车轮发出嘎嘎的响声，我就把那些炮架炮车双双地夹在腋下运走。这些东西堆成了一大堆，至少像直布罗陀的山崖一样高。然后，我在一堵还是阿拉伯人修造的土墙里，从二十英尺深的地下，抠出一颗燧石，敲在拆下来的大炮零件上，冒出的火星点燃了火绒，那一大堆东西顿时燃烧起来。哦，我忘了告诉你们，我刚才还把储藏军用物资的车子统统放在火堆上了。

我还是比较聪明的，刚才我把最容易着火的东西放在最底下，所以瞬间已是火光冲天了。为了避免引起怀疑，我第一个大声叫起来。你们可以想象得出，整个营地马上陷入可怕的惊恐之中。敌人断定，他们的哨兵准是被收买了，让七八个团的英军从要塞开来，把他们的大炮毁得一塌糊涂。德林沃特①先生在他的历史著作中提到过这次著名的包围战。他说，由于营地起火，敌人遭到重大损失，但他一点也没有说明起火的原因。当然，他也不可能知道起

①英国历史学家。

065

火的原因，这是因为，尽管我独自干了一夜的工作，解救了直布罗陀要塞，但我没有对任何人透露这件事，甚至也没有告诉埃利沃特将军。

起火后，阿尔托伯爵吓得要命，带着他的全部随从逃走了。他一刻不停地逃，一口气逃了十四天才到达巴黎。他被这场可怕的大火吓得丧魂落魄，三个月没法进食，只靠空气来维持生命。

我给受困的英国人解围以后，又过了大约两个月。一天早晨，我同埃利沃特将军正在共进早餐。突然，一颗炮弹飞进房间，掉在餐桌上，这是因为上次我没来得及把敌人的迫击炮也跟那些大炮一起毁掉。将军一见情况不妙，跟其他人没有两样，马上从房间里逃了出去。而我呢，还没等炮弹爆炸，就把它一把抓住，扛起它跑到山崖顶上。从那儿我可以看见离敌人营地不远的海滨，在海边的一座山丘上有一大群人，但我用肉眼看不清他们到底在干什么。于是我拿起望远镜一看，发现了我们的两个军官，一个是将军，另一个是上校。他们上个晚上还是同我一起度过的，半夜时作为侦探潜入西班牙人的营地，不料落入敌人的手里，刚刚被吊上了绞架。我想把炮弹扔过去，但距离太远，徒手无法扔到。幸好我突然想起口袋里放着投石器，从前大卫就利用这玩意儿击杀了巨人歌利亚。我马上把炮弹放进投石器，向敌人投去。炮弹正好掉在那群敌人的中间，一着地立刻爆炸，把四周的敌人全炸死了。那两个英国军官幸好吊在半空中，没有丝毫损伤。飞起的一块弹片，击中了绞架的柱脚，绞架马上倒在地上。我的两位朋友，正要探究这突如其来的"天灾"发生的原因，双脚早已碰到结实的地面。当他们发现卫兵、刽子手和其他人都死于非命时，就互相解开令人不舒服的绳索，然后奔到海边，跳上西班牙人的一条小船，逼迫船内的两个人，把船划到我们的一艘大船旁边。几分钟后，我正向埃利沃特将军讲述这件事情时；他们兴冲冲地跑来了。我们说明了各自发生的事情，互相道了喜，然后用世界上最快活的方式，来庆祝这个值得纪念的日子。

先生们，我从你们的眼神里看到你们的愿望，你们很想听一下我是怎样搞到投石器这件好宝贝的。好吧，我就讲一讲！事情总是有联系的。你们得知道，我本是乌利亚夫人的后代，众所周知，大卫同她有过亲密无间的关系。但是，随着时间的推移，一如世间常有的那种情况，国王陛下对她明显地冷漠了，这是在她的丈夫死后不到三个月才发生的。有一次，他们为一个重要的问题争论起来，争论的焦点是，诺亚方舟究竟是在哪儿建造的，在洪水退后又搁在什么地方。众所周知，我的这位先祖是一位伟大的考古学家，而夫人呢，也是一个历史协会的主席。在争论中，他既有大多数伟人的弱点，又有所有小人物的缺点，容不得反对意见，而她呢，也有女性的缺陷，总认为一切事情都是她说得对。不久，他们分手了。

她过去常常听他说起那个投石器是件好宝贝，也许是为了留作纪念，她认为最好是把它带走。但是，还没等她远离自己的国家，投石器丢失就被发现了，国王的六名卫兵紧紧地追了上来。他们中的一个，大概想高升，因此非常忠于职守，跑在最前面，要抢个头功。而夫人把那件投石器已经使用得非常娴熟，她射出了一颗，正好击中了他的致命部位，与歌利亚被击中丧命的部位一样。他的同伴见他倒毙在地，经过长时间的明智的考虑，认为最好的办法，就是把刚刚发生的情况向地方当局报告。而夫人呢，她认为最好的办法是备好途中替换的马，继续她的埃及之行，因为在那儿的宫廷里，她有一些声望很高的朋友。

我想，以前我已经对你们说过，她有好些子女，都是国王陛下同她生的。在她离开本国时，还带走了一个她最宠爱的儿子。在丰饶的埃及，她又给他添了几个弟妹，因此她在遗嘱里立了一项特别的条款，注明这个有名的投石器由她的这位爱子继承。它按嫡系直传，最后就归我所有了。

我的一位高祖父，大约生活在二百五十年前，也是这个投石器的拥有者。有一次，他到英国去作客，结识了一位名叫莎士比亚的作家，他虽然不是一个剽窃者，但却是一位偷猎者。也许是一报还一报吧，现在英国人、德国人从他的作品里卑鄙地猎取了好多素材。他当时就经常来借这个投石器，在托马斯·路西的田庄里打死了许许多多的野兽，结果差点遭到像我的那两位直布罗陀的朋友一样的命运。这个可怜的人，虽然幸免于死，却被投入了监狱。

我的那位高祖父采用特殊的方法，使他重获自由。

你们都知道，当时是伊丽莎白女王执政。在晚年，她对自己的生活方式，感到厌倦起来。怎样穿着、餐饮，以及其他不用我一一列举的琐事，都成了她生活上不堪忍受的负担。我的高祖父，不管她的代理人在不在，巧妙地把样样事情揽了下来，按照她的意愿去做。你们说，对他这一非凡的做法，他要求的回报是什么呢？就是让莎士比亚得到自由。再说，女王本来也没有硬要他做这些小事。我的那位正直的高祖父是如此地喜爱这位伟大的作家，以致他宁可自己减岁，也要为他的朋友益寿。

先生们，此外，我可以向你们保证，伊丽莎白女王节俭的生活方式，虽然很新奇，但得不到臣仆们的喝彩，至少在那班爱吃牛肉的家伙①那儿得不到喝彩，据说直到今天还有人对此议论纷纷。但是，她有了这新的生活习惯后，也不过活了八年半。

再说那件投石器吧。我在去直布罗陀旅行前不久，从我父亲那儿继承下来。当时他对我讲了下面这件奇怪的轶事，就是他的朋友也常常听他讲起，没有人怀疑这件事的真实性，他们了解他是一位诚实的长者。

"我在旅行途中，在英国待了很长时间，"他说，"有一次，我在哈里奇附近的海边散步。突然，一头怒气冲冲的海马发狂似的朝我扑过来。我除了那件投石器，什么武器也没带。于是，我在投石器里装了两颗石子，十分

①指王室的卫兵。

巧妙地朝它的脑袋投去，一颗石子击中了这个庞然大物的左眼，另一颗击中了它的右眼。然后，我跳到它的背上，把它赶进海里；它的脑袋刚伸进海水里，它的野性也就消失了，变得说不出的温驯。我把投石器当作马勒，放进它的嘴里，然后轻松自在地骑着它横渡大海。不到三小时，我和海马到了大海的彼岸，这段路大概有三十海里呢。到了赫尔维奇河谷，我把它以七百杜卡特卖给了'三杯酒'的老板。他把它当作稀世珍兽展出，赚了一大笔钱。"现在我们从蒲丰①的作品中还能见到它的图像。接着我的父亲又讲了起来。"因为我的旅行方式与众不同，所以我在旅途中的观察和发现，也非同一般。那头野兽，我一骑到它的背上，它就不再游水，而是以飞快的速度在海底奔驰，把面前的成千上万条游鱼赶走。这些鱼与通常的鱼不同，有一些脑袋长在身体当中，另一些却长在尾巴的末端。有一些鱼围成一个大圈子坐在一起，正在合唱，这些歌优美动听得无法用言语来描绘；另一些鱼在用清水建造富丽堂皇的透明大厦，四周用巨大的柱子围了起来，柱子里还有一种东西在闪动，颜色令人赏心悦目，看上去像迷人的波浪在起伏。我认为这肯定是最纯洁的火焰。这幢大厦的好些房间布置得既巧妙又舒适，看来是供鱼儿交配住的；在另一些房间里，柔嫩的鱼子受到精心的照料和看护；还有一排排宽敞的大厅，显然是供小鱼念书用的。我在这儿看到的只是鱼儿学校的外貌，至于它的教学内容，就像鸟儿的歌唱和蝗虫的对话一样，我当然是无法理解的。但我发

①蒲丰（1707—1788），法国动植物学家。

现鱼儿学校的外貌，竟和我以前上的以博爱劝世为宗旨的教育学院，以及类似的教育机构，有惊人的相似之处，因此我敢肯定，它的创建者中有一个像我一样作过同样的旅行，他的构思素材取自水里要比取自陆上的多。此外，从我讲的这一点点情况中，你可以看出，还有好些无用的空话被我省去了。好吧，我继续讲下去。

"我混在一群游鱼中，越过一片高大的山脉，它至少有阿尔卑斯山那样高。山崖的一侧是一片大树，各种各样的树都有。树上分别长着龙虾、螃蟹、牡蛎、海蚌、海蜗牛等等水生动物。一棵树上长的，往往需要一挂货车来运；最小的一棵，一个搬运工恐怕也拖不动。那些被冲到岸边，让人送到市场上去卖的，都是虚弱的动物，它们被海水从树枝上打落下来，就像坏掉了的小果子被风从树上刮了下来一样。瞧那些树，龙虾树枝繁叶茂，而螃蟹树和牡蛎树高大挺拔。矮小的海蜗牛树，好像灌木树丛，总是挨着牡蛎树的根部，就像攀着橡树向上生长的常春藤。

"我也发现了一件和沉船有关的怪现象。在我看来，这艘船撞在离海面只有三寻的山崖顶上，在沉没时，船翻了，坠落在一棵高大的龙虾树上，把好些龙虾撞掉了。掉下来的龙虾落在下面的一棵螃蟹树上。因为这件事有可能发生在春天，这时龙虾还很年轻，就同螃蟹配对了，结果产生了父母都像的新品种。我本想把这稀罕的东西带一件回去，但是，一方面我觉得它太重，另一方面我的马不肯停下来；而且我已经走了一半的路程，正在水下五百寻深的一个峡谷里，这儿空气稀薄，我感到很不舒服。此外，我考虑到我的处境也不妙。我不时地碰到一些大鱼，虽然我一再地从它们张开的大嘴里逃脱，但我和我的海马仍免不了有被它们吞掉的危险。而我的海马又瞎了双眼，要摆脱这班饥肠辘辘的鱼类先生们对我们人类的关照，全指望我小心翼翼地驾驭了。于是，我加紧策马奔驰，恨不得马上到达干燥的陆地。

"离荷兰海岸很近了，海面在我头顶上方不过二十寻，这时我隐隐约约地看到，在我前面的沙滩上，躺着一个穿女人衣服的人。我觉得她好像还活着。我靠近一看，真的看到她的手在动。我赶紧抓住她的这只手，把她，一个奄奄一息的人，拖到了岸边。虽然当时的起死回生之术还达不到今天的水平，还不能像今天这样，但在任何一家乡村酒店里都可以找到把一个淹死的人从阴曹地府呼唤回来的说明书，但是那儿的一位药剂师，经过巧妙而不懈的努力，将那妇人仅存的一点生命的火花，重新扇旺起来。

"原来她是一位海员的妻子，那海员在一艘开往赫尔维奇河谷的船上当船长，不久前从港口启程了。不幸得很，他在匆忙中，没有带走自己的妻子，却带了另一个女人。这情况被一个机警的家庭和睦守护神发现了，并立即告诉了她。因为她深信，夫妻同床的权利在海上像陆上一样的有效，所以她大发脾气，醋劲十足，马上乘了一只敞篷船追踪上来。她一登上那艘船的甲板，对丈夫打过简单的、不可捉摸的招呼，就表示自己有特定权利。她说得振振有词，气势汹汹，以致她忠实的丈夫认为有必要退让几步。她挥起骨瘦如柴的右手，想打丈夫几个耳光，这时悲惨的事发生了，她一下子扑了空，掉进海里。因为波浪比她丈夫更能让步，所以她毫无阻拦地一直沉到了海底。——我的命运使我在这儿同她相识，结果地球上又多了幸福的一对。

"之后，当她的丈夫返航回到家里，看见被我救起的娇妻正等着他时，他会对我表示什么样的祝愿，那我是不难想象的。我给这个可怜的家伙开了个玩笑，无论这个玩笑开得多么严重，我都是问心无愧的。我这行为的动机是纯洁的人类之爱，尽管如此，我不能否认，事情的结局对他来说必定是可怕的。"

先生们，我父亲讲的故事到此为止。我回忆这些故事，是由那件著名的投石器引起的。遗憾的是，这件投石器长期保存在我的家里，并作出了许多重大的贡献后，被海马咬在嘴里受到致命的损伤。我曾经对你们讲过，我把一颗还未爆炸的炮弹，用投石器向西班牙人扔了回去，救了吊在绞架上的两个朋友。这是我最后一次使用它。在完成这次光荣的任务时，原来就受过伤的投石器，英勇献身了。它的一大半随着炮弹飞了出去，只有一小部分还留在我的手里，现在仍保存在我家中的档案室里，同许多珍贵的文物藏在一起，作为永久的纪念。

不久，我又离开了直布罗陀，回到了英国。在英国，我碰到了一件终生难忘的奇事。

六月四日那天，我到瓦槟①去，想看一看托运给汉堡几位朋友的物品装上船没有。事情办完了，我从码头走回来。那是中午时分，我走得精疲力竭，再加上太阳晒得我难受，很想找一个地方休息一会儿。这时我看见一门大炮，于是钻进了炮筒。我一进去，马上就睡着了。那天正好是国王的生日，中午一点整，就要鸣炮纪念这一天。所有的大炮在早晨已经装好了火药。谁也无法料到我会钻进大炮里，所以一开炮，我就飞出了炮筒，飞过了河对岸的一排房子，掉进位于伯蒙齐和德特福②之间的一家佃户的院子里，一头扎在一个很大的干草垛上。不难理解，我昏迷过去。就这样，我一直躺在草垛上，没有苏醒。

大概过了三个月，草价暴涨，那佃户想趁机发一笔大财，立即要将他囤积的干草抛售出去。我在上面躺着的那个草垛子是院子里最大的一个，至少可装五百辆大车。现在开始拆草垛了，那些人把梯子搭好，准备爬上来，他们哇啦哇啦说话的喧闹声把我吵醒了。我还有点迷迷糊糊，一点也不知道自己在什么地方，正想拔腿跑走，不料一下子摔了下去，正好掉在草垛主人的头上。我自己倒一点没有摔伤，却把那个佃户的脖子压断了。他死在我的身子底下，我本是无辜的。事后，我听说这个家伙是个可恶的生

①伦敦附近的地名。
②伦敦附近的地名。

意人，他总是把田里的收成囤积起来长期不卖，等到价格狂涨，他才出售以牟取暴利。因此他死于非命，是应得的惩罚，是一件大快人心的事。我听后大大放心了。

　　我完全清醒过来后，苦思冥想了好长时间，才想起三个月前昏睡的事，我简直感到说不出的惊讶。我在伦敦的那班朋友，白白地找了我三个月，当我突然重新出现时，他们惊讶的样子，先生们，你们肯定能想象得出来。

　　好吧，现在先让我们喝完一杯酒，然后我再给你们讲几个海上历险的故事。

第八次海上历险

　　毫无疑问，你们一定听说过这件事：菲普斯船长，也就是现在的马尔格雷夫勋爵，到北极做过一次探险旅行。这次探险旅行是我陪他去的，不过我的身份不是大副，而是他的朋友。当我们航行到北纬纬度很高的地方时，我拿出了我的望远镜。这架望远镜，我在讲直布罗陀之行的故事时提到过，你们早已了解。我举镜观察四周的情况，因为这有利于旅行，我顺便说一下，我一直认为不时地向四周观察是大有好处的。这时我看见，离我们大约半英里处，浮动着一座冰山，比我们的桅杆要高得多，山上有两只白熊，据我看来，它们正在进行激烈的格斗。我马上背起猎枪，跳上浮冰。然而，当我到达山顶时，我才感到我走过了一条艰难而又危险的路。我不得不跃过一个又一个可怕的深渊；有些地方平滑如镜，我跌倒爬起，爬起又跌倒。尽管如此，我还是爬到了白熊的附近。我马上发现，它们不是在格斗，而是在嬉戏。每只熊至少有一头肥公牛那样大，我估算了一下熊皮的价值，正要举起猎枪，不料右脚一滑，仰面摔倒了。这一下摔得很重，我失去了知觉，大概有半小时。我苏醒过来的时候，吓得几乎叫起来，一只大白熊在我身边嗅我的脸，然后咬住我那条新皮裤的腰带。我的上半身被压到它的肚皮底下，而双腿伸在外面。天晓得，这头野兽要把我拖到哪儿去。就在这时，我掏出小刀，喏，就是这把，你们可以看看。我抓住它的左后腿，割去它的三个脚趾头。它马上把我放下，痛得吼叫起来。我连忙捡起猎枪，就在它逃跑前，朝它开了一枪，它一头倒在地上。我这一枪，虽然使这只凶猛的野兽永远长眠了，但惊醒了方圆半英里内的几千只白熊，它们本来都躺在冰上睡觉呢。这时，它们成群结队地向我攻来了。时间十分紧迫。不是坐以待毙就是想出主意拯救自己。主意终于想出来了。我跑到打死的那只熊身边，只用了一个熟练的猎人剥去兔皮所需要的一半时间，就剥下了熊皮，把它套在身上，我的头正好套在熊的脑壳里。我刚化装好，一大群熊把我围住了。我裹在熊皮里，吓得一阵发热，一阵发冷，但我的乔装打扮极为出色。它们一个接一个地上来嗅我，显然以为我也是它们的熊兄弟。我唯一的缺陷，就是身材不像它们那样高大，但它们中的许多幼熊，个儿也不比我大多少。它们嗅过了我，又嗅嗅那个剥了皮的同伙的尸体，之后，我们好像成了合群生活的伙伴。我也能把它们的动作模仿得惟妙惟肖，不过在咆哮、吼叫和扭打等方面，我不如它们。我虽然看上去酷似一只熊，但我毕竟还是一个人！在我同这些白熊产生了亲密无间的关系后，我开始考虑怎样利用这点对付它们。

这时我想起一位老军医对我说过，脊椎上的伤能立刻致命。于是，我决定试一试。我重新握紧小刀，对准身旁那只最大的白熊，在靠近肩膀的后颈里刺了一刀。虽说这是一个大胆的行动，但我也很担忧。因为明摆着，要是这头野兽挨了这一刀而没有死的话，那么我就会被它们撕成碎片了。幸亏我的尝试成功了，这头白熊还没来得及叫一声，就倒在地上死了。现在我决定用这个方法来对付其余的白熊。这对我来说，一点也不困难。因为，它们虽然看到自己的兄弟左一个右一个倒在地上，但不会认为这有什么不正常。它们没有考虑过倒在地上的原因和作用，倒在地上对它们来说是一件快乐的事，它们倒在地上对我来说也是一件快乐的事。终于，我看到它们统统死了，在我面前躺着，这时我觉得自己仿佛成了击杀千熊的参孙①。

我匆匆办完这件事，便回到船上，请三分之一的船员帮我剥去熊皮，把熊腿搬到船上。没有几个小时，我们就干完了，把整条船装得满满的。剩余的下脚，都被扔进了海里，尽管我相信把它们腌一下，味道会像火腿一样鲜美。

回到了家里，我就以船长的名义，把一些熊腿送给海军部的勋爵，另一些送给掌管国库的勋爵，还有一些送给伦敦和一些大城市的市长，剩下来的送给有来往的商人和要好的朋友。我受到各界人士热情洋溢的感谢；而市长回赠给我一份意味深长的礼物：邀请我到市府去，出席一年一度市长大选的宴会。

至于那些熊皮，我送给了俄国女皇，让她和她的内宫

①《旧约全书》中的英雄人物。

成员做些过冬的皮外衣穿穿。为此，她写了一封亲笔信，派一名外交特使转交给我，对我表示感谢。在信中，她恳求我和她永结同心，共享王权。但我对王位从来就没有非分之想，因此婉言谢绝了她的恩典。给我转送女皇亲笔信的特使等到了我的复信，把它带回去亲手交给了女皇。不久，我收到了女皇的第二封信，她对我倾诉了狂热的爱和崇高的情感。据她，这位心灵脆弱的女人，在一次同多尔戈基侯爵的谈话中说，她上次生病是因为我的无情而引起的。我真不明白，这些女人看中了我什么，不过在位的女王想嫁给我的也不止俄国女皇一个。

对这次探险旅行，有些人散布了一些流言蜚语，说什么菲普斯船长本来是能够到达北极的，他却没有继续走下去。在这儿我当然有责任为他辩护。说起我们的船，在装满大量的熊皮和熊腿之前，航程一直是正确的。在我们到了北纬纬度很高的地方时，如果打算继续向前航行，那简直是发疯了，因为我们哪能逆风行驶呢，又哪能迎着冰山撞击呢。

此后，船长常常说，他不满的是，他本可以参加他称之为"熊皮日"的那天的行动，得到荣誉，却无缘得到。他因我战胜了白熊获得了荣誉而产生了妒忌，试图用各种方法，贬低我的业绩。为此我们常常发生争论。直到现在，我们之间还有一道鸿沟。此外，他还露骨地声称我是套了一张熊皮，才把白熊骗住的，不要自以为这很了不起；要是换了他，他敢不加伪装走到熊群里，它们也会认为他是一只熊。

当然，他这种说法，我认为太幼稚太尖刻了。一个崇尚道德的君子，不会跟任何人，至少不会跟一位贵族，就此进行争论的。

第九次海上历险

我同汉米顿船长一起，从英国出发，做了另一次海上旅行。我们向东印度驶去。我身边带了一只善捕鹧鸪的猎狗，我可以说，它是名副其实的无价之宝，因为它从未有过一次判断失误。有一天，根据我们能做的最精确的观察，船离陆地至少还有三百英里，这时我的猎狗吠叫起来，发现了猎物。我惊讶不已，对它看了足足一个小时，然后把这情况告诉了站在甲板上的船长和大副，并且断定，我们靠近陆地了，因为我的猎狗嗅到了野兽的气味。我的话引起大家一阵大笑。然而我听到笑声并没有动摇，我依然认为我的猎狗的判断是对的。

我们争论来，争论去，我说对，他们说不对。最后我坚定不移地对船长说，我宁可相信我的猎狗特雷的鼻子，也不相信船上全体船员的眼睛。因此我大胆地向他提出一个建议：打赌一百个畿尼①。这笔数目相当于我此行的全部佣金。我认为，要不了半个小时，我们一定能发现野味。

船长是个心地善良的人，他又笑了起来，然后把我们

---

① 英国旧金币名。

的船医克劳福特先生找来，给我诊脉。他诊过了脉，对船长说，我非常健康。

"他的神志不正常吧，"船长说，"我颇有声誉，不能同他打赌。"

"我的看法跟你完全相反，"医生回答说，"他一点毛病也没有。只不过他宁可相信他的猎狗的嗅觉，也不相信每个船员的理智。不管怎样，他打赌输定了，输了也活该。"

"这样打赌，"船长继续说，"从我这一方来说，也太不诚实了。不过，如果我事后再把钱还给他，那对我来说就更加光彩了。"

就这样，打赌双方一言为定。

再说，我们的大船的尾部都系着一条长长的小艇，里面有几位水手正在捕鱼。这时他们捕到了一条特大的鲨鱼，马上把它拖上了甲板。他们动手剖开了鲨鱼，瞧啊，在鱼肚里至少有六对活生生的鹧鸪。

这些可怜的鹧鸪肯定在鱼肚里待了很长时间，其中的一只母鹧鸪正孵着五只蛋，当鲨鱼被剖开时，正好有一只小鹧鸪破壳而出。

我们把这只小鹧鸪同一窝刚出生的小猫放在一起饲养。老猫疼爱它，就像疼爱自己四条腿的孩子一样。每当它飞到较远的地方，不肯马上回去时，老猫总是装出一副生气的样子。在其他的鹧鸪中，有四只是母的，它们总是三天两头在孵卵，不断地孵出小鹧鸪，因此我们在整个旅途中，老是有充裕的野味来丰富船长的餐席。而那条可怜的猎狗特雷，我为了感谢它帮我赢了一百个畿尼，每天总要叫人给它几根骨头，有时也给它一只整鹧鸪。

第十次海上历险

第二次到月亮上去旅行

　　先生们，我以前已经对你们讲过，我到月亮上做过一次小小的旅行，那是为了取回我的一把小银斧。后来，我又以一种最最舒服的方式到那儿去过一次，待了很长的时间，耳闻目睹了各种各样的事情。现在，我把我记得的，详详细细地给你们描绘出来。

　　我有一位远亲，他满脑子的幻想，认为世上必定有个国家的人民，他们的身材跟格列佛①在大人国里发现的人一样高大。为了寻找这个国家，他决定做一次探险旅行，并请我陪他一起去。我作为一个旅行家，总认为格列佛的故事至多是一个优美的童话罢了，不大相信大人国的存在，就像不大相信黄金国的存在一样。然而，我已经被他指定作为他的遗产继承人了，所以必须讨他的欢心。于是，我们备好了一条船，向南海驶去。一路上顺顺利利，没碰到

_____

　　①英国作家斯威夫特的小说《格列佛游记》中的主人公。人居住的地方。我们看到在我们的下面有另外一个星球，上面有城市、森林、山谷、海洋和河流等等。我们猜到了，那便是我们离开的地球。

什么值得一提的事情，只看见几个会飞的男人和女人，在空中跳着小步舞，做些跳跃的杂技，以及诸如此类的小把戏。

我们登上的这个闪闪发光的岛便是月亮。在月亮上，我们看到的全是巨人，他们骑在三头鹰上。为了使你们理解这三头鹰有多大，我得向你们做个说明：它两翼张开的长度是我们船上最长的缆绳的六倍。月亮上的居民骑着这种大鸟四处飞行，就像我们地球上的人骑马一样。

正好那时，月亮上的皇帝在和太阳上的皇帝打仗。他要赐给我一个军衔，可是，对皇帝陛下的这份恩典，我一口谢绝了。

月亮上所有的东西，都比我们地球上的大得多。譬如，一只普普通通的苍蝇，也不比我们的一头绵羊小多少。月亮上的居民打仗使用的最精良的武器就是萝卜，他们把萝卜当矛用，哪一个被刺中，便会立即身亡。他们的盾牌是用蘑菇做成的。如果收萝卜的季节过了，他们就用芦笋秆取而代之。

在月亮上，我也看到一些从天狼星来的居民，他们喜欢外出经商，禁不住漂流到月亮上来做生意了。他们的脸很像大狼狗的脸，他们的眼睛或者长在鼻尖的两旁，或者长在鼻孔下面。他们没有眼皮，睡觉的时候，用舌头把眼睛蒙起来。他们身高一般在二十英尺上下，而月亮上的居民身高没有一个低于三十六英尺的。月亮上居民的名称也很奇怪，他们不叫人，而叫煮熟的生物，因为他们像我们一样，要把食物放在火上煮熟才吃。此外，他们吃饭花的时间很少。他们的肚子左边有扇门，他们打开这扇门，把整份食物一下子推进胃里去，然后再将门关上。他们一个月像这样推一回食物，一年只吃十二顿饭。这很方便，但我们地球上贪嘴的家伙和馋鬼未必喜欢。

月亮上的居民对爱情的欢乐是享受不到的，因为无论是煮熟的生物还是其他动物，都是无性繁殖。他们是在树上长出来的。各种树高度不一样，长的叶子和结的果实也不一样，根据这些就能分辨出长的是什么。长煮熟的生物，也就是长人的那种树，要比其他的树好看得多，树枝粗壮笔直，树叶呈肉色，果实像核桃，外壳坚硬，至少有六英尺长。果实成熟，颜色就会起变化，这时居民们小心翼翼地把它摘下来，收藏一定的时间。如果要想使它有生命，就把它放进沸水大锅里，要不了几小时，硬壳裂开，月亮上的人就从里面蹦跳出来。

在他们出世之前，他们的精神素质已经天然形成，决定他们会变成什么样的人。一个壳里出来的是士兵，另一个壳里出来的是哲学家，第三个壳里出来的是宗教家，第四个是律师，第五个是佃户，第六个是农民，等等。他们一出世，就能把他们先天的理性知识，完美地应用到他们的职业中去。当然，壳里是什么样的人，从外壳看，是很难确定的；然而，当时月亮上的一位神学家却大肆喧嚷他知道其中的奥秘。大家都不相信他，普遍认为他有精神病。

月亮上的人老了的时候，不是死去，而是化作一缕轻烟，在空中消失。

他们不用喝水，因为他们从不大小便，污物通过呼气排出。他们的每只手上只有一个指头，但样样事都能做，和我们的五个指头一样灵巧，甚至更灵巧。

他们平时把头夹在右胳膊底下，出门旅行或不得不去从事剧烈的活动时，就把头留在家里；因为他们不管离头有多远，需要时都可以向头请教。要是月亮上的达官贵人想知道老百姓在干些什么，他们也不用亲自前往。他们只管待在家里，也就是说，他们只管把躯体留在家里，把头派出去就行了。他的头神不知鬼不觉地钻到老百姓家里，然后根据主子的意图，把刺探到的情报带回来。

月亮上的葡萄和我们地球上的冰雹完全一样。我毫不怀疑，月亮上的葡萄被风暴从树上刮下来，落到地球上，就形成了冰雹。我也相信，我发现的这一情况，那些卖酒的人想必早就知道了，至少我经常喝的葡萄酒好像就是用冰雹酿成的，味道跟月亮上的葡萄酒没有两样。

月亮上的人还有一点很怪，我差点给忘了。他们的肚子是代替背包用的。他们有什么重要的东西，就把它放进肚子里，他们的肚子就像他们的胃一样，可以随意开关。因为他们没有肠子、肝脏、心脏以及其他内脏，所以就像他们身上不穿衣服一样，感到轻松舒服；他们不长生殖器，用不着拿什么来遮羞。

他们的眼睛，可以随意拿出来，再安进去，而且放在手心里，跟长在脑袋上一样，看东西照样很清楚。要是不小心偶然把一只眼睛弄坏或者丢了，那可以去借或者去买一只，用起来跟自己的眼睛一样合适。因此，在月亮上贩卖眼睛的人到处可以碰到，而且在安眼睛这件事上，那儿的居民都有自己的怪想法，一会儿时兴绿眼睛。一会儿时兴黄眼睛。

我承认，这些事情听起来很离奇，不过，我可以听凭持怀疑态度的人，亲自到月亮上去走一趟，到了那儿他们就会相信我说的都是真话，我比其他任何一位旅行家都要老实。

周游世界

先生们，我平生经历的这些奇事，如果我有理由相信你们亲眼见过的话，那么我不等你们听完，自己早会厌倦给你们讲下去了。但你们听得乐而忘返，这太看得起我了，使我不忍心在讲完月亮之行的故事后，就宣布结束。那么好吧，只要你们喜欢，就请你们再听一个，这个故事跟上个故事一样可信，而且更奇特，更美妙。

有两次，我津津有味地读完了布赖登^①的西西里游记，顿时兴致大发，要去亲眼看一看埃特那火山^②。一路上，我没有碰到什么稀奇古怪的事情。我心里想，别的一些人可能也发现了一些非常奇特的事，为了补偿自己的一笔旅费，就不厌其烦地对听众讲，然而在我看来，这些都是毫无特色的小事，我要是也这么讲，那些老实人听了肯定会厌倦的。

有一天早晨，我从坐落在山脚下的茅屋出发，横下了

①英国物理学家。
②意大利西西里的活火山。

一条心，哪怕搭上一条命，也要对这遐迩闻名的火盆的内部结构，进行一番调查和研究。上山的路很难走，我走了三小时才爬到山顶。当时，火山正在隆隆震动，而且已经震动三个星期了。它震动的种种现象，书上已经多次描写过，如果这些描写确实的话，那我显然已经来得太迟了。然而我亲身经历的情况告诉我，并不是这么回事，因此需要尽善尽美地描述它一番，即使我力不能及，浪费了许多时间，使你们听了扫兴，我也要尝试一下。

当时，我绕着火山口转了三圈。你们不难想象，那火山口像个巨大的漏斗。因为我认为，就这么朝里看看，不是聪明的办法，所以我立即决定跳进去。我刚跳到里面，就好像进了滚烫的蒸笼里，我可怜的身体，被不断飞溅的灼热的煤块击中，身上被烫得伤痕累累。

顺便说一下，虽然那向上喷发的煤块，力量相当厉害，但我身体向下坠落的分量更要大得多。不一会儿，我顺利地落到了底部。我首先听到的，是一片令人厌恶的砰砰声、吵闹声和叫骂声，好像就在我的周围。我睁开眼睛，瞧我到了哪儿！我到了独眼巨人伏尔甘①和他的那帮人中间，与他们做伴啦！这些先生哪，要是照我聪明的想法，我早该把他们驱逐到说谎王国里去了，他们为名次前后和地位高下争吵了三个星期，造成的祸害一直波及地上。我的突然出现，倒使他们平静下来，言归于好了。伏

①罗马神话中的火神。

尔甘马上一瘸一拐地走到柜子前，取出膏药和软膏，亲自为我敷好，不一会儿，我的伤口就愈合了。他也给我送来了只有神仙才能享用的清凉饮料和美酒佳酿。等我身体稍稍复原，他就吩咐他的夫人维纳斯，悉心周到地给我安排一个住所，样样都要使我感到舒适满意。她把我带进一个房间，请我坐在一张沙发上。那房间的典雅，沙发的柔软，她整个气质显示出的神奇的魅力，性情的温柔，心地的善良，这一切我是无法用语言来形容的。一想到这些，我就心碎了。

伏尔甘对我详细描述了埃特那山的全部情况。他告诉我说，这座山完全是由他烟囱里飞出的灰堆积而成的；又说，他往往迫不得已才惩罚他的手下人；在这种情况下，他怒气冲冲，用烧红的煤块朝他们身上扔去，而他们往往灵巧地避开了，而且逃到上面的人世间，以便摆脱我的控制。"我们之间的争执，"他继续说，"有时要持续几个月，他们在人世间造成的这些现象，据我所知，被你们凡人称为'火山爆发'。维苏威山[①]同样也是我们的一个工场。有条路通向那儿，它在海底，至少有三百五十海里[②]长。那儿也有类似的争执，因此也有类似的火山爆发。"

我很喜欢火神给我上的这一课，我更喜欢与他夫人做

---

①意大利火山。

②1海里=1.852千米。

伴，要不是一些幸灾乐祸的家伙，不时地在伏尔甘面前搬弄是非，在他善良的心里煽旺了一股吃醋的怒火，那我也许永远也不会离开这地下的宫殿。一天早晨，我正想侍候那位女神梳妆打扮，这时伏尔甘连招呼也不打一个，一把抓住我，将我提到一个我还没有见过一次的房间里，又将我拎到一口看来很深的井上，说："忘恩负义的东西，回到你来的那个世上去吧。"说完这句话，他不容我有片刻的时间辩白，就把我扔进了井里。

　　我往下掉啊，掉啊，速度越来越快，我吓得终于失去了知觉。我一下子掉进了浩渺的大海里，我猛地苏醒过来，看见海水映着阳光，闪闪发亮。幸而我小时候水性就很好，各种水上技巧我全会。因此，我好像回到了家里一样，自由自在。现在的处境跟刚才那可怕的处境相比，我觉得仿佛一步登上天堂。我纵目四望，然而遗憾得很，扑入眼帘的除了水还是水。就连气候，也跟伏尔甘烟囱里的大不一样，我在这样的气候下，感到很不舒服。终于，我发现不远的地方，有样东西正向我漂来，看上去像是巨大的岩石。不久，它漂近了，原来是一座漂浮的冰山。我寻找可以登上去的地方，找了好长时间，终于找到了。我登上了冰山，一直爬到了山顶。我极目远眺，还是见不到陆地的影子，我失望极了。薄暮时分，我终于看到一艘船朝我驶来。我等船驶近时，大声呼叫起来，船上人用荷兰语给我回话。我随即纵身跳进海里，游到船边，给拖上了甲板。我向他们打听，这儿是什么地方，我得到的回答是：南太平洋。他们这一说，我恍然大悟。原来我刚才从埃特那山往下掉，穿过了地心，一直落到了南太平洋里。不管怎么说，这条路比绕地球走的路要短得多了。除了我，还没有一个人走过这条路，如果有机会再走一次，我一定要仔细地观察一番。

我向船员要来了一些清凉饮料，然后就上床了。说起这班荷兰人，他们都是些粗俗之辈。我对那些船员讲我的历险故事，先生们，就像对你们讲的那样，既真实，又浅显，可是他们好些人，尤其是船长，却露出怀疑的神色，不相信我的故事是千真万确的。不过，我无论如何也不想责怪他们，因为他们在船上很友好地接待了我，而且我还得依靠他们的怜悯活下去。

后来，我向他们打听往哪儿去旅行，他们却回答我说，他们出航是为了发现新大陆。如果我讲的故事真可靠，那么他们的目的一定能达到。这时，我们的船正好航行在库克①船长开辟的航道上，第二天早上便到了博泰尼、拜埃②。英国政府真不该把服刑的坏蛋发配到这儿，而应该把有功受奖的臣民派到这块地方，因为这儿的大自然是如此的富饶，遍地都是大自然馈赠的最珍贵的礼物。

―――――――――

①库克（1728—1779），英国旅行家，曾在澳大利亚东海岸考察，发现了一些小岛。

②澳大利亚的海港，英国第一批罪犯曾发配到这儿。

我们在这儿只待了三天。第四天，我们启程之后，突然刮起一阵可怕的飓风。不到几个小时，船帆全被撕碎，船首的斜桅裂成了碎片，高大的主桅轰然倒塌，正好砸在罗盘箱上，把箱子和罗盘砸得粉碎。出海的人都知道，失去了罗盘，后果是多么可怕。现在我们不知如何是好，只好听天由命了。终于，飓风平息了，随后清风徐徐吹来。我们在海上荡了三个月，想必走过了很长一段路，猛然间，我们发现四周气象万千，一切都起了惊人的变化。我们感到浑身轻松舒坦，一股清香扑鼻而来，沁人心脾，连大海的颜色也变了，它不再是一片绿色，而是一片白色。

　　这神奇的景象出现后不久，我们看到一片陆地，离我们不远就有一个港口，我们朝它开了过去。那港口又宽又深，里面不是海水，而是味道鲜美的牛奶。我们上了岸，才发现这整个岛原来是一块大奶酪。要不是一个特殊的情况指点了我们，也许我们根本不会发现这是一块大奶酪。事情是这样的：我们船上有个水手，他天生就对奶酪味感到恶心。他一上岸，就头晕恶心起来。等他稍稍清醒一点，便请求他的同伴把他脚底下的奶酪拿开。他的同伴往地上一看才发现他说的一点儿也不假，正如上面所说，这整个儿岛完全是一块大奶酪。岛上的居民绝大多数以奶酪为生，而且白天吃掉多少，夜里又增加多少。在岛上，我们看到好多葡萄树，树上结满了漂亮的大葡萄，那葡萄用力一挤，流出来的不是葡萄汁，而是牛奶。那岛上的居民长得漂亮，走起路来身子笔挺，有九英尺来高。每个人都有三条腿，一条胳膊。当他们长大成人时，额上就长出一只角，他们用起它来很灵巧。他们可以在牛奶海面赛跑和散步，却不会沉下去，那风采比我们在草地上散步还要优雅得多。

　　在这个岛上，或者说在这块大奶酪上，还长着好多谷物，那穗子看上去像香菇似的，里面是现成的熟面包，拿出来就可以吃。我们在这块奶酪上漫游的时候，发现了七条牛奶河和两条啤酒河。

　　走了十六天后，我们来到了海滨，它与我们登陆的地方遥遥相对。在这儿，我们发现了一块开始变质的蓝奶酪，真正喜欢吃奶酪的人见了总要大惊小怪了。不过，它上面没有生螨虫，而是长着粗壮的果树，有桃树、杏树以及上千种我叫不出名称的果树。在这些大得惊人的树上，有许多鸟窝。其中一个翠鸟窝特别引人注目，它有伦敦圣保罗教堂穹顶的五倍那么大，由巨大的树干巧妙地编结而成。鸟窝里至少有……唔，诸位请等一等，我宁可把数字算得精确些，至少有五百只蛋。每只蛋差不多像二百升啤酒桶那么大。我们不仅能看到蛋里的雏鸟，而且也听到吱吱的叫声。我们费了九牛二虎之力，敲破了一只鸟蛋，从蛋里钻出一只未长羽毛的雏鸟，它比二十只大老鹰还要大。我们刚把那只雏鸟放开，一只老翠鸟就俯冲下来，伸出一个爪子，抓住了我们的船长，拎着他飞向一英里高的空中，用翅膀猛烈地扑打他，然后把他扔到大海里。

荷兰人游泳，个个都像老鼠那样出色；没多久他又回到了我们的身边，我们便一块儿返回，朝我们的船走去。不过，我们返回时，没有走原来的那条老路，因此一路上又发现了许多新奇的事。其中有一件，就是我一枪打死了两头野牛。这野牛只有一只角，而且长在两只眼睛中间。事后我们懊悔把野牛打死了，因为我们得知，野牛被居民驯服后，就像我们的马一样，可以用来当坐骑，也可以用来驾车。据人家告诉我们，那些野牛的肉，味道鲜美无比，然而对一班只靠牛奶和奶酪为生的人来说，这是完全多余的东西了。

我们离船停泊的港口还有两天的路程，这时我们看见三个人头朝下脚朝上吊在树上。我向岛民打听，他们受到这样严厉的惩罚，到底犯了什么罪。岛民回答说，他们到异城旅行，回到家后，对乡亲们吹牛，把那些乡亲们从未见过的地方吹得天花乱坠，编造一些从未发生过的事情。我觉得，他们受到这样的惩罚是完全公正的，因为一个旅行家的责任莫过于说真话。

我们回到船上后，立即起锚扬帆，离开了这块奇异的土地。岸上所有的树木，不管多高多大，都按同一节奏，向我们鞠了两个躬，然后又直立在那儿，像原先一样。

我们在海上漂了三天，天知道我们到了哪儿，因为我们还一直没有罗盘，不知不觉漂到一个海水漆黑的海上。我们尝了一下海水，你们瞧，我们自以为这是黑水，其实是上等美酒。我们不得不看着全体水手，以免他们喝得烂醉。可是好景不长，几小时后，我们被几条鲨鱼和一些大得无法测量的怪鱼包围住了，其中有一条，我们用所有的望远镜来观察，也无法看见它的尾巴。我们发现它时已经晚了，它早已游近了我们的船，张开了大嘴，把我们的船，连同直立的桅杆和鼓满的船帆，一股脑儿吸了进去，嵌在它的牙缝里。与它的牙齿相比，头号战舰的桅杆，也只是一根小小的木棒而已。

我们在它嘴里待了一段时间后，它又张大了嘴，吞了一大口海水。你们不难想象，我们的船，也不是小小的点心，却被一下子冲进它的肚里。到了里面，我们的船倒很平稳，像是停泊在一个风平浪静的地方。不可否认，这儿的空气很温暖，但叫人感到不舒服。我们在里面发现了不少的铁锚、缆绳、小船和三帆船，还发现了好多大船，有的装着货物，有的没装货物，通通被这条大鱼吞进腹中。在里面，我们干什么事都得点着火把，因为里面既没有阳光，也没有月光和星光。一般来说，我们的船每天有两次随水升起，有两次沉入腹底。大鱼喝水时，船就升上水面；吐水时，就沉入腹底。根据保守的估计，大鱼通常喝的水，比日内瓦湖的水还要多，范围达三十英里。

在我们被关在"黑暗帝国"的第二天，鱼吐水了，此时我称之为"退潮"时间，我们的船落到了鱼腹底部。我大着胆子，同船长和几位高级船员，做了一次小小的散步。当然，我们都拿着火把，在路上我们竟遇到了一万来人，各民族的都有。他们正在开会，商量怎样从鱼肚里解放出来。他们中的一些人，在鱼肚里已经度过了好几年，我们聚拢过去；会议主席正想把商量的事告诉我们，不料该死的大鱼感到口渴，喝起水来。水汹涌地冲了进来，我们急忙逃回船上，不然就有被淹死的危险。我们中的几位多亏会游泳，才幸免于难。

几小时后，我们的运气来了。大鱼又把水吐空了，我们重新聚起来开会。我当选为会议主席，同时提出了一个建议：把两根最长的桅杆接起来捆紧，当大鱼张开嘴巴时，把它撑起来，这样一来，大鱼就合不上嘴了。这个建议被大家采纳了，一千名身强力壮的汉子被挑选出来，立即动手干了起来。我们刚把两根桅杆接好，让它派上用场的机会就来了。这时大鱼打起了呵欠，敦们连忙把接好的桅杆撑了起来，一头穿过鱼舌抵住它的下颚，另一头抵住它的上颚。这一来，即使我们的桅杆不怎么结实，但它的嘴巴也休想合上了。

鱼肚里所有的船都漂浮起来，一只只船载着人，驶向外部世界。我们重见天日了，据估计，我们在鱼肚里被关了十四天左右。当所有的船从宽敞的鱼肚里出来后，我们正好可以组成一支三十五艘船的万国舰队。至于那桅杆，我们就让它留在大鱼的嘴里，免得其他船只遇到不幸，落入黑暗而污秽的深渊，永受囚禁。

出来后，我们的第一个愿望，就是想知道我们在世界的什么地方。对此我们起初还无法确定，后来，根据一般的观察，我们发现是在里海。说它是里海，是因为它完全被陆地环抱，不与其他水域相连。我们无法理解的是，我们从哪儿进来的。一位由我从奶酪岛带来的居民，向我们作了顺理成章的说明。他认为，把我们吞下去的那条大鱼，通过一条地下水道游到了这里。这就足够了，既然我们到了这里，就该为到了这里而感到高兴。于是我们很快把船驶到岸边，我第一个上了岸。

我的双脚刚踏上干燥的土地，就有一头大熊朝我扑了过来。"哈哈！"我不禁想道，"你来得正是时候。"我各用一只手抓住它的前掌，用力握着，以表示对它的衷心欢迎，它却发出凄厉的嗥叫。但我并没有因此松手，仍然把它的前掌握了好几天，直到它饿死为止。从此以后，所有的熊见了我都敬而远之，没有一个敢挡住我的去路。

后来，我从里海出发，到彼得堡去。到了那儿，我收到一位老朋友的礼物。这对我来说，是一份珍贵的礼物，因为那是一条猎狗。它是那条有名的母狗生的，我前面曾提到过这条母狗，它在追一只兔子时产下了狗崽。不幸得很，我得到的这条猎狗，后来给一个笨拙的猎人失手打死了。他本想开枪打死一群鹧鸪，却打死了站在一旁的猎狗。为了纪念它，我请人把狗皮做成了这件马甲。每当我到野外打猎时，总是不由自主地被这件马甲引到可以找到野兽的地方。当我近到可以开枪时，马甲上的一个纽扣变回自动飞出去，落到野兽藏身的地方。因为我总是扳上了枪机，上好了弹药，所以没有一只野兽能够从我的手里逃掉。你们瞧吧，我马甲上现在只剩下三颗纽扣了，等我下次要去打猎时，我应该在马甲上再缝上两排新纽扣。

以后，欢迎你们来看我，我也免不了要给你们讲一些有趣的故事。今天，就到此为止，再见啦，晚安。

闵希豪森男爵水陆历险记

　　杯酒在手，高朋满座，他又娓娓动听地开始了叙述。

导　言

丹麦国征兵　　结识闵希豪森　　兄弟间的来鸿去雁

　　像闵希豪森男爵这样一位令人称奇而又追求真实的男子汉的离奇命运在菩登魏尔特自然值得收集整理，值得向读者展示宣扬。为此，第一位出版者或译者在两年前的确为求知若渴的观众或读者立下了教育人的莫大功劳。

　　"可是，"读者中有人或许会问，"出版者在这里如何保证他向我们介绍的全是事实而不是连篇谎话呢？他有什么证明文件吗？他有合法的身份吗？他如何才能取得令人可信的资格？"读者自然有权提出这一系列疑问，因为闵希豪森男爵自己也当着朋友和熟人的面直截了当地说过，那本书把他的多种经历极其可鄙地贬低、歪曲和破坏了。谬种流传。那些未经聘请、未经委任的报告人向听众介绍的内容极大部分都是粗鲁的谎话。

　　我不想让自己的那部分故事滑进这样的错误之中。真实应该是我的神圣而又信守不渝的法则。我可以对天发誓，这里叙述的故事都是男爵确确实实的经历。至少我可以保证，正是男爵本人趁着高朋满座，开怀畅饮，欢乐无比的时刻亲口告诉大家的。如此热爱真实，如此可以信赖的人，他的话一定在任何时候都被看作是真情实意的表述。

尽管我下定决心，不让读者在他们的衣袖上沾染谎话的痕迹，可是我却无法大胆地要求读者都能无条件地相信我的保证。我在采取每一步骤之前都必须公开地阐述我是如何获得这些原始而又真实的材料的。我也愿意借助这样的机会向读者详细地介绍我的各种全权证书、文件和出典。

我那在菩登魏尔特去世的父亲约翰·屈佩尔曾经有两个儿子：在下我和一位弟弟。大儿子——即我这位不成器的人——在举行神圣洗礼时被赐名叫作于尔根，胞弟称作亨尼希。

八岁那年，菩登魏尔特人任命我当了他们的牧鹅倌。我尽忠尽职，据守这一重要职务有七年之久。我的弟弟智慧过人，他依靠如饥似渴的学习和勤奋在菩登魏尔特官运亨通，从教堂唱诗班领唱一直升任当了教堂司事。

大约在我15岁那年，我下决心丢官弃职，罢任而去。我的一腔热血和青春的活力不允许我用更多的仪式和繁杂的手续完成自己的决定。一个晴朗的早晨，我让那些在草地上嘎嘎叫唤的下属自由自在、无所拘束地任意游荡，而自己却手持一根旅行杖，扬长而去。

我顺着自己鼻尖指示的方向，没有任何预定的计划，一往无前。经过村落的时候，我恳请乡亲们大发慈悲，给我一点食物和帮助。我是一位漂亮、整洁而又面孔红润的小伙子，这番天赋在美丽的女性面前成为我最好的介绍。姑娘们怜悯我，农家妇女决不肯让我忍饥挨饿。于是，我凭着诵念祷告的经文和吟唱冗长的歌曲浪游南北，走遍了下萨克森地区，走遍梅克仑堡、荷尔施泰因、石勒苏益格等等地区。随着这样的生活，我的个子越长越高，最后变得五大三粗，十分魁伟。

我在丹麦国漫游，过了一段时间的流浪生活。那时候，丹麦国王正在大规模招募新兵。征兵的人目光炯炯，紧紧地盯住我。我缺乏经验，看不清他的意图，猜不透他的用心，自然也不会害怕。不知不觉，我就成了丹麦国的皇家兵丁，而且还是骑兵。

我们团在哥本哈根驻防。有一天，我在中心大街前值勤站岗。幸运的是，我在这里遇到了丹麦国的孤孀女王陛下。我的腰身、体格、外形、圆凸的大肚和男人的气质让我引人注目，受到她的青睐。她竟至于当场下令关照我，并赐我许多幸福。

那种微妙而又虔诚的感情使我不能把生活中这一美好的阶段详细地描述介绍。总之，我立即被安排到警卫队，迅速经历了各种官阶军衔，直至进入贵族阶层。目前，我还只是丹麦国克里斯蒂安七世国王陛下的少校侍卫。

在哥本哈根，我终于有幸密切而又知心地结交了闵希豪森男爵。那时候，这位仁兄还没有成为一切奇特而又怪异的命运的玩具。毕竟，这还是在与土耳其人作战之前的一段历史。

自从我与这位至诚至交而又可敬可畏的朋友挥却千万滴眼泪——那是从法国勃艮第酒瓶中飞溅出来的——分别以后，多少年以来我几乎没有听到有关他的任何消息。在这期间，我与胞弟，即在菩登魏尔特当了教堂司事的亨尼希·屈佩尔保持着频繁的通信。当这位胞弟信中告诉我，说尊敬的闵希豪森男爵在菩登魏尔特大开方便，恩被乡村时，我是何等地惊讶！自然，我也愿意借此开采并挖掘他的生活经历。

男爵的冒险和奇遇风靡德国和丹麦。它们成为酒前饭后的谈话资料。有的人对此深信不疑，有的人不以为然，绝大多数人都给这些故事添上一番更加奇异的变化。不管事情的本身是真是假，是有可能或者无可能，人们并没有随波逐流，并没有随声附和，他们把这一切都看作是杜撰和捏造。而男爵本人则被大家认为是一个名副其实的吹牛大王。

我把这类主张一概斥之为诽谤。经验告诉我，闵希豪森不会对真实的情况哪怕作出极为细小的篡改和歪曲。喧嚣一时的主张把我卷入了激烈的纷争。我多次挑衅，决定用手枪解决争端——只是我的对手眼力不好，他们瞄准得实在不够理想，没有打碎我的脑袋，却打断了我的双腿。现在，我只能装上木头假腿，撑着拐杖走路。

为了闵希豪森的无辜而辩护，我成了他的"殉难烈士"。可是我却希望进一步地寻根刨底，了解故事的究竟。事情十分棘手，我不能贸然地亲自动手，无缘无故地就给男爵去信询问。于是我转向教堂司事，亨尼希·屈佩尔，我的胞弟。我请他详细地向我介绍闵希豪森男爵的个性、命运、生活方式和家庭等等情况。

下面是我弟弟的回信。我不加任何引言，直接作为证明书展示给尊敬的读者：

尊敬的先生阁下，尊敬的兄长，少校先生：

收悉兄长本月14日惠书。从中获悉，兄长阁下希望详尽而又确切地了解有关闵希豪森男爵的禀性、家庭和冒险经历。关于这一问题，我不揣冒昧，谨作如下答复：

1. 闵希豪森男爵所经历的离奇命运令人不寒而栗，具有十分稀罕的特点。承蒙男爵先生厚爱，他每时每刻都在向诸位朋友介绍，而且运用许多可怕的诅咒和谩骂，目的无非是加强效果。对一位虔诚的绅士说来，这是让人不敢想象的。他难道会平白无故或者虚情假意地对天起誓吗？

2. 因为我本人承蒙赏光，几乎每个星期都能向男爵先生表示对他至诚的敬意，于是，我也有机会从其尊口中亲耳聆听他叙述个人的往昔经历。

尊敬的兄长先生，我愿意不吝绵薄之力，把从男爵先生处听来的内容作一书面的介绍。往日的恩典受之有愧，凭着自己的良心，我敢说在这里列举的内容都是可靠而又真实的。

就尊敬的兄长对小弟的厚望和错爱，我不胜惶惑，感激涕零。

专此，敬请

大安！

亨尼希·屈佩尔

1788年5月13日于菩登魏尔特

胞弟的那种教堂司事的诚实，教堂司事的单纯，教堂司事的真情实意在信中表现得淋漓尽致，闪发出熠熠光芒，竟至于下列的故事不再需要其他任何人作信义上的担保。

如果有一位读者怀疑下列故事的真实性，或者不愿相信闵希豪森男爵的恩典，以为他讲述了另外的什么内容，那么他完全可以通过邮局直接同菩登魏尔特的教堂司事亨尼希·屈佩尔先生联系。只要能够付清邮资，回信便会即刻到来。

丹麦国克里斯蒂安七世国王陛下殿前侍卫于尔根·封·屈佩尔少校

写于1788年8月17日，哥本哈根。

闵希豪森男爵亲身经历的故事

往往有这样的情形：人们以为险情最小，或者甚至没有危险的地方，危险却已经迫在眉睫了。下面的故事正是这类教训的一则例证。

当时，我还住在君士坦丁堡，与国王保持着密切的关系——可是这却差一点断送了自己的身体和性命。人们如果在猝不及防的巨大危险面前仍然知道如何救护自己，那永远是一种幸福。先生和女士们都对我有所认识和了解，我自然无须先对他们讲清这一点。

在宫殿旁边的花园里。我安稳舒适地躺在浓浓密密的树荫下面，内心深处充满着与一位塞加西亚王后拥抱接吻的甜蜜情意。王后貌若天仙，她把我当作自己的宠儿和弄臣。平时，我总是瞅准机会，悄悄溜到她那儿去。如果高兴，那就趁白天闷热时在那里稍事休息，睡个小小的午觉。我有一个忠实的伙伴，那是一条短毛大猎犬，它从来不离开我。此时，它正躺在我的身旁。

"呼，呼！"猎犬躺在地上发出一阵阵呼噜声。它舒展着身子，把身体拉得长长的，似乎在激烈地奔跑一样。我看着也许正在做梦的猎犬，自己也慢慢地睡着了——而狗却醒了。酷暑难熬，我解开了马甲上的纽扣——我的衬衫是件东方式样的衣服，开襟特别宽大，所以露出了胸脯和肚腹。这条狗——谁能想到一条忠诚的爱犬竟会干出这等事来——跳上一步，在我身上东闻闻，西嗅嗅。它把鼻尖伸到我的胃部，居然开始舐啊舐，舐破了我的肚腹，舐进肠胃里面去了。凑巧的是我刚才吃过几只山鹬，狗闻到山鹬肉香，正中下怀，再也想不到它的主人了。于是，它把山鹬和其他一些残渣剩菜，最后连我的胃一起拖出腹腔，吃得津津有味。

我躺在那里，从半昏迷中醒了过来。猎狗正在我的胃里上吃得不亦乐乎。"拿过来！"——它把胃送还给我。胃已经揪碎撕断，成了一条条，一块块，而且四分之三的胃已经被狗吃下去了。"苏丹，苏丹！"——这是猎狗的名字，当我们单独在一起的时候，我这样称呼它——"你怎么跟自己的主人捣乱？现在你把剩余部分也一起吃掉吧！"——这是我对它说的全部内容。它果然吞咽了下去。因为它从我的脸部表情上看出很不友好的神色，便开始发出一阵阵求援的呼叫声。一群人闻声而来，其中包括国王陛下的御用外科医生。"很好！"我心里默想着，说了一句——我感到讲话相当困难，这是人们容易理解的事。离开花园，我还没有走上三步，突然窜来一头肥猪，从我的胯下钻了过去。"来得正是时候，"我想，猪内脏在结构上跟人的内脏一样，何不取下猪胃，将它缝在我的身上。此计大妙，于是我逮住猪用猎刀挖出猪胃，再用线缝入我的肚腹，一切都在转手之间完成了。这一回我又得救了。

我还用一种完全特别的办法猎取了山鹬。其中的乐趣我一辈子也忘不了。我跟另外几个人结伴，一起去打猎，发现前面有一群山鹬，共有十五只。我举枪打下一只，其余的都钻进一排低矮的树丛中去了。我的"苏丹"叫唤着引路，指示我们来到那块地方，只是没看见山鹬飞出来。刚开始时我还不明白，不知道是怎么回事。一会儿忽见一只狐狸从我面前飞一样地窜过去。我迅速瞄准，射击。当然啰，狐狸在前面翻了几个大跟斗，我的"苏丹"把它叼了过来。

我正想把狐狸开膛剥皮时，看到它特别丰满肥厚。大家都很奇怪，心想："这个家伙吃了什么呢？"我在它的肚子上划开一道口子，呼的一声从里面飞出一只山鹬。我赶紧把口子捏住。于是我把其余十三只山鹬的脖子一一拧断，让它们一一进了我的猎袋。晚上我给国王讲了这件事，国王比任何人都对这番经历感到惊讶和奇怪。

可是还发生了一件更为糟糕的事情。我的肚子里装了一只猪胃，我自己在感觉上跟平时大不一样。我完全像一头猪似的，以至于脑子里经常盘旋这样一种意识：人的灵魂是否在胃里有一座行宫？这且不去管它，随它去吧。我喜欢吃猪食。有时候我几乎抵挡不住一种诱惑：像猪那样躺在水洼里，在污秽粪水中打滚，不顾众人的笑话，在水里洗完澡再回家。我也开始像猪一样哼哼，这一切使得国王陛下很不高兴。人们思来想去，想给闵希豪森掉换一只胃。他们在各种寺庙里祈祷哀求，内阁也开会商量，大家绞尽了脑汁。

我十分害怕。于是就去找清真寺教长，那是一位天生的预言家，知道人间祸福吉凶。人们对他交口称颂，我把事情过程原原本本地告诉了他。他看了我一阵，仔细地审视着我的脸，然后笑了起来。我给了他一把金币。这件事使我久久难以忘怀，我想起了已故的父亲在我年轻时经常讲到的一句话：僧侣的贪婪和上帝的慈悲，绵绵不断，直至永远。我发现这句箴言在这个民族的神职人员中也得到了证实。他那灰白的胡子抖动了一阵，口中嘟嘟哝哝，其实他完全可以收起这一套。这时候我已经明白了：我的猪胃在经过七乘七，再乘七，然后加上七百七十七次的轮回，就能变成人胃。我对自己稍感安慰。我向他嘟哝着恭维一番，极不情愿地往他手上又塞了几枚金币，转过身子，走了。

国王十分敏感，我对他的逗笑也都没有成功。我看得出来，他对我的现状已经不感兴趣了。从前，我是世界上最欢乐的玩笑大王，现在我却成了一个讨厌鬼。

陛下作出辞退我的决定，并且要把我送到非洲西北部的摩洛哥王国。一切都已经安排妥当：两天以后我就必须启程。我却在关键时刻动了一个念头，嗨，要是这样的念头早几个星期意识到该多好啊！

总的说来，谁能主宰自己的命运呢？

前不久国王曾经送给我一匹漂亮的马，这是一匹非常了不起的脚力。我把马训练得十分出色，尤其注意让它练习跳跃。开始跳九步，后来跳十二步，不断延伸，直到一举能跳过三十六步远。我请人修了一条跑道，在地面上布满了尖刺铁蒺藜。马儿就在尖刺上跑动，因此练出一副轻功和速度。这一系列的艰难练习都是在深夜进行的。后来，我感到它已经练习成功了，便决定举行一次奔跑比赛。绅士们蜂拥而至，他们穿戴一新，十分齐整，都来到了君士坦丁堡的大门前。

我那快速的脚力不负厚望，它赢得了各场比赛的胜利，让我得到了成千上万枚金币。后来，我又拿出了新招，这新招迷醉并吸引了所有：我猛地策马向空中跳去，马蹄舞动着，跳过三十六步长，三十六步宽，三十六步高，从观众头上腾空而去。现在，我骑坐着轻快脚力，只用十五分钟时间便在原本需要几个小时才能走到头的小麦地里来来回回，快得像一只飞鸟，没有让一根麦穗弯曲。更不用说折断了。这些伊斯兰教徒如果早就看出我的绝招，他们一定会十分感激的。闵希豪森神采奕奕，他赢得了胜利，在歌舞声中骑着快马跟国王一起穿过君士坦丁堡的大门，旁边簇拥着一群忌妒的人，一批好奇而又前来凑热闹的人。更妙的是，我的胃经过这一番碰撞和折腾，它已经变成了人胃。我的先生们，读到这里，你们可要记住这点，照着做吧，自然高于一切，它胜过江湖庸医，胜过一心祈祷的圣男圣女，也胜过掏人口袋的三只手。

为了嘉奖闵希豪森，宫殿里载歌载舞。等到人们乘车回家的时候，已是华灯初上。

　　启程在即，一切都准备完毕。我休完假，告辞众位，乘坐一艘华丽的战舰，昼夜兼程，驶往摩洛哥。

　　旅途上我遇到了几件稀奇古怪的意外事件，我的朋友们又会大吃一惊。这些事情看起来光怪陆离，可是它们都全是真的。因为这都是我的亲身经历——对闵希豪森，人们可以一切都放心。

　　一条年轻的大鲸鱼始终尾随着战舰，看起来十分友好。我只要一上甲板，看到它，便给它投去一点食物，也许这就是它显得友好的原因。航行途中，它始终尾随着我们，我还常常抚摸它的脑袋。有一次我忽然兴致勃勃地想坐在它的身上，而且还成功了。大家都交口称赞，夸奖闵希豪森男爵的神奇业绩。周围爆发出阵阵欢呼，大海回响着热烈的掌声。为报答和取悦舰上的朋友，我骑坐着鲸鱼游行半个小时。可是我却差点儿遭了殃。我在它的耳后搔痒，可能搔得过分了——它竟然驮着我一起往下沉，也许想把我带回它的小房间教训一顿。它要是没有立即浮上来，那就有闵希豪森的好戏看了。我不敢再信任它了。

　　可是跟一条鲨鱼玩却是另一番感觉。我喂它吃食，它却不太理解我。那鲨鱼张开大口，猛地咬住我的手，我还没有来得及问怎么回事，便已经成了它的口中食物。我迅速往里走，来到鲨鱼内脏的后端，紧紧地抓住它的尾巴。后来，我把它的内脏彻底拖拽了出来，好像只拉翻过来的手套——您一定还记得那匹狼的故事——我自己当然也出来了。倒霉的是，我却脱不开身子，鲨鱼内脏黏糊得像沥青一样。它把内脏又吞了进去，我身不由己，又随着进入内脏。于是，反复地出来，进去，出来，进去。旁边看到这幕奇怪把戏的人一个个都笑得死去活来。我给他们做了精彩的表演。

　　我让鲨鱼不断地往左边游动，等到靠近小船的时候，船夫们一把抓住我的大腿，把我连同鲨鱼一起拖上甲板。他们坐着小划船，原本想靠得更近，好看我的把戏。

　　大家祝贺我进行了这场空前绝后的战斗，尤其是船长，他抱住肚子，忍不住地还在笑。他边笑边说："米迦勒①与妖龙战斗的场面都比不上您与鲨鱼的搏斗！"

　　正当我们跟鲨鱼打交道的时候，不说谎话，这条鲨鱼足有两万磅重，突然从外面传来一阵激烈的炮声。我们看到两支舰队排成行，全速向我们驶来，航速相当快，我们都来不及看清到底是谁家的舰队。炮弹从我们头顶上呼啸而过，我已经接住三颗，每颗炮弹都是二十四磅，完全可以把我的头盖骨彻底炸碎。对面有条船离我越来越近，我伸出手一把抓住甲板，将船拎起摔了出去，足足摔出七海里。这时候我抽空看了一眼自己心想："在下一场危险到来之前，你应该迅速离开，越快越好。"

　　主意打定，我即刻牵出自己的轻快坐骑，飞身上马，奔驰着一溜烟地跑掉了。我骑马跑了十二个小时，外加几

---

①米迦勒，圣经中三大天使长之一，曾与妖龙搏斗。

分钟，当我来到摩洛哥时，身上竟然看不出有半点汗迹。

有人给我指定了旅馆。我受到了正式接见，趁便递交了我的全部证件，观看了全部的珍宝古玩。

宫廷马厩里拴了皇帝的许多爱畜，我亲眼看了它们混杂而成的全过程。公牛和牝马拴在一起；牡马和母牛拴在一起。这样，生下的小马长着公牛头和马尾巴，而小牛却长了马头，后面拖着牛尾巴——一种特殊而又古怪的造物，粗劣的作品——其中有一类牲口叫作宽嘴马，另一类牲口叫作阔嘴牛，都是快骑，健步如飞的。人们给两种牲口装上各式各样的土耳其羽饰，它们显得很驯服，在一起相安无事。

善于思考的皇上因为这样的发明获得无上荣光。我听说他还想给国家作出更大的贡献，他准备让蜥蜴跟鸽子交配，从而生出长尾蜥蜴；或者生下传说中的东方蛇妖，看人一眼，即可置人于死地——这里的原因可是一个重大的秘密。

我在动物园里看到唯一的一头大象，它比地球上所有的象都要大——至少是那位野蛮的陛下想让我相信。它大约超过三十六尺高，自己有一幢象房。象站在里面，显得十分雄伟，气派。

一间漂亮的鸟房吸引着我的兴趣，我信步走了进去。里面的鸟不管它们看上去如何凶猛，却都很温顺，它们在我的头上飞来飞去，停在我的肩膀上，让我伸手可摸，伸手可抓，一点也不反抗。我走近鸟窝，看到不少大鸟小鸟。我轻轻地摸了摸它的肚腹，非常松软。这里还有美丽的山鹑和乌鸫。我抓了几对塞在口袋里，邮寄到德国，看到它们在菩登魏尔特生长得很好——那里还有我的一幢房子。这些动物如此驯顺，大家感到十分奇怪。

根据摩洛哥人的法律，他们一律禁止喝酒。可是我却要说，摩洛哥的绅士们对法律是不大在意的。他们都有自己的内室，当他们想痛饮一番的时候，他们就会走进去。我把这批伊斯兰教徒灌得酩酊大醉，他们再也忘不了我。我们七个人在六个小时内一共喝了二十五安克①葡萄酒。我们开怀畅饮，不怕喝醉，他们尤其想把我灌醉在地。可惜老板没有做成大生意。

我在这里还没有住上一个月，就被委以重任，前往塞纳阿尔，找努比亚的国王办理公务。它在非洲东部，是尼罗河流域地区的一个国度。这回旅途上是骑坐骆驼的。

漫长的旅程上自然又有许多惊险的和不惊险的故事。我这里只想从成千上万个故事中择其主要讲给大家听。我知道，其他一些内容对我的读者并没有多大的吸引力和刺激。

一头饿狮在沙漠里迷了路。它使我有机会向朋友们显示自己多方面的本领。这头狮子当时在狂怒之中，眼睛里向外喷射着火焰。我的一位仆人在手上沾了一粒火星，手上的表皮立即烧焦了。

我们狭路相逢，狮子胆遇上豹子胆。双方对峙一会儿，相互准备进攻。现在终于交手了！它把我摔倒在地，

---

①安克，英国液量单位，合45.46升。

我被它一摔，在地上获得了弹性，猛地跳起，飞上它的头顶。我伸出手去，扼住狮子的咽喉，然后又用手抠进狮子的嘴巴，顺手一撕，当即把狮子扯成两半，一只手上拎了半片。

这时候，人们对我显示了极大的敬意。大家都为摆脱了这场危险而欢欣鼓舞，他们只是对一张漂亮的狮子皮被撕成两片感到有点可惜。如果我当时想到这一点，那一定紧紧地抓住它的耳朵。

还有一件事也使我终生难忘。我从骆驼上翻身下来，想拉开一段距离在树丛后面大便。干这种活时谁都不愿意有人在旁作证——天气炎热，我知道也不能这样做——我脱掉帽子，摘下手套。从前在家时我习惯把一切都挂在钉子上。可是这里呢？除了金光万道的太阳以外，什么可以依靠的东西也没有。我抓住一道阳光，把帽子、手套和马鞭都一股脑儿地挂在上面，然后安安心心，放手大胆地干自己的事。等我大完便，抬起头来寻找东西时，只见它们正全力以赴，快速地朝着太阳飞去。我急了，拿起手枪，啪的一声——幸好打在马鞭上，马鞭吱溜一声，倒栽着冲了下来。

糟糕的是，我没有火药和铅弹了，其余东西都已经远远地超出了手枪的射程，朝着太阳飞去。就在这一年，赫尔舍尔[①]在英国把它们当作太阳上的巨大黑子；而我却是因

---

①弗里特里希·威廉·赫尔舍尔（1738—1822），天文学家，曾经确定了银河系的大致范围。

为没有帽子，被太阳晒得像个吉普赛人，成了现在的这副尊容。

我们来到努比亚，进入了努比亚王国的首都塞纳阿尔。国王在这里有一座宫殿。我给国王带去的礼物一般都是漂亮的马鞍、钻石饰针和其他一些贵重物品。没有比送东西给君王更麻烦的了。虽然人们在平常简易的生活中并不使用这一复杂的仪式，可是在国王公开接见时却派上了用途。人们晋见的时候必须按照声音的抑扬顿挫歌唱而进。宫廷乐队里有人为了赚钱，专门从事教习礼仪，可是他们把事情搞得如此复杂，所以人们常常把这些教官——可不是送上的礼物——打发走，因为他们根本学不上这些怪腔怪调。我恳请讨了一份表格，把音符和曲调填在有关致词的下面。致词的内容大致翻译如下：

　　强大的君王！正直的太阳！您是王国里不可摧折的支柱。我，作为您最最微不足道的仆人，不胜荣幸地斗胆前来礼吻您脚下的尘土。请允许我以我主人的名义表示请求。他请您大发慈悲，施恩收下犹如来自他亲手端送的礼物。礼物只是他的一点小小心意，借以显示他的仁慈和慷慨。他以世界主宰的博大心怀敬祝您长寿、幸福和欢乐。

　　在场的人一起回答："阿门！"
　　从另一方面果然传来了对这番问候的回答：
　　"仁慈而又杰出的使者！我们感谢您，您的莅临给我们带来贵方主人的慈爱。我们躬身下拜，在最伟大的君王脚下祈祷。请您以下列讲话向他转达我们的问候：国王向一切蛮夷国度的大君主致意，并对他保证自己应尽的责任和义务。愉快和幸福将永远充溢他那强大的国家，敌人将被彻底清除。祝愿他永远安康，万寿无疆！"

在场的人又一起回答："阿门！"

我在这里没有久留，所以不能向我的读者介绍更多有趣的内容。当然，我可以向他们介绍国家，花草树木，风土人情，土著居民，风俗习惯。不过我心里明白，他们并不喜欢用这些内容来烦自己，我还是干脆讲一些别的题材吧。

一条妖龙在地方上引起了极大的恐慌和诅咒。它又粗又大，危害甚重。它只要呼出一口气，就能把附近的生物全部杀死。有一回，国王在中午的饭桌上给我讲了这件事。"哎呀，"听了讲话以后我叫了起来，"闵希豪森毕竟还有足够的余力，他可以战胜恶龙。"

人们将我带到恶龙居住的地方。这里的一切显得又荒凉又恐怖。一堆人的头盖骨和身体的残骸剩屑狼藉满地。恶龙躺在骨堆的后面，口中喷出一股股妖雾毒气。同来的三位伙伴当场惊吓得昏死在地，他们曾经听说，妖龙就是撒旦魔王，现在被黑暗的链条锁在地狱里。

我离它只有几百步远，看得十分真切。恶龙头上戴着一顶王冠，如同黄金一般闪闪发光。它的舌头犹如火焰，伸出口外足有三十尺长。恶龙嗅到我们走近的气息，它发出一阵狂怒的咆哮，大地在脚下不停地抖动。我的第四位伙伴也吓死了，剩下我孤零零一人，看着恶龙把长长的火舌吐进吐出。

我思考着如何才能最有力有效地制服恶龙。回家以后，我用沥青做了一块大大的糕饼，里面糅进了剧烈的毒药。等一切置办妥当以后，我又找到一根一百英尺长的铁杆，把沥青糕饼穿在铁竿顶端，重新来到恶龙面前。

恶龙张开血盆大口，咬住我送上去的沥青糕饼不放。可是，还没等到它咽下毒饼，只听到一声可怕的爆炸，恶龙拦腰断成两截。

我打了一个手势，大家呼的一声冲了上来，看着恶龙作垂死挣扎。因为龙油可以派许多用场，所以我装回了满满一罐。

完成这个国务使命以后，我当着王宫里男女老少和上下左右的面表演了我那快骑的种种技能。噢，差一点忘了说，我用一匹骆驼将马拖住免得它最后跑得无影无踪，它的速度实在太快。看了我的表演，国王惊讶得目瞪口呆，不知道该说什么。他拿出许多口袋的黄金，按照我们的比值，这里足有两万塔勒①。此外，他还慷慨地送上一只御用鸵鸟，希望跟我换马。鸵鸟又高又大，适宜在空中旅行。我简单地思考了一阵，便答应了这桩交易。

我给鸵鸟配上鞍，进行了几次放飞试验，又亲自坐上去作了几回尝试。等到我对事情相当有抱握的时候，我把

①塔勒，德国那时候通用的银币单位。

120

自己的物件、钱币以及摩洛哥王上让我转送的礼物通通装在自己的大口袋里，捆绑结实，然后坐上鸵鸟，清风似的飞走了。

我完全不适应这样的飞骑，几次差点摔下来把脖子折断。鸵鸟并不难于驾驭，它很听话，容易控制。它只是不能忍受坐在尾部的"苏丹"的大声吠叫。当然，它也不喜欢我用靴刺踢。飞翔的鸵鸟如同闪电一般，我的"苏丹"早就掉下去了。我如果不是一位熟练的骑士，这回可就扎扎实实地该有闵希豪森的好戏看了，也许跟他的"苏丹"差不多。多不说，我至少会在预料不到的旋转飞翔时摔跌个头破血流。因为鸵鸟本领高超，它可以翻转身子往前飞翔，我也只得因势利导，倒转身子，头朝地，脚朝天，骑着飞鸟。后来，我想出个主意，弥补了这场恶作剧。您知道吗，一个聪明的人必须在任何情况下都能帮助自己，他必须想尽一切办法，解脱自己的困境。

我尝试着伸出一只手，摸到它腹部最敏感的地方，轻轻地给它搔痒——真灵光，它马上翻转身子。这回我知道如何对付它了。

经过非洲北部突尼斯上空时，我曾经想趁势下来，旅馆饭店就别说了，我差一点被下面打猎的枪手射中——他不知道天空中飞着一件什么怪物。幸好我在身边带着一架望远镜，看到他在向我们瞄准，我立即踢了一下我的飞鸟，我们猛地一个飞跃，脱离了危险。

我那可怜的飞鸟又饿又渴，它不知道我们刚才遇上了多么巨大的危险。我在它的耳旁轻轻地说了一番话，安抚了一顿。下面的那位神枪手可能以为他刚才看到了雷神朱比忒的神鹰或者看到了空中猎人哈克尔贝克，因为我当时正在大呼大叫，那是为了给鸵鸟加油鼓劲。

直到这时我才发现了自己的不幸，原来我那大口袋掉了。在急速旋转的时候，也许是系扎的带子断掉了，也许是顺着滑溜的羽毛掉下去了，总之，大口袋不见了。闵希豪森啊，乞丐们骗走了他的钱财，然而换了一处地方，当他成了最大的富翁时，偏又遭逢厄运，变得如此不幸！

特别糟糕的是，我根本不能在摩洛哥露面。事情涉及我擅自拿走的钱币和礼物。我紧催飞鸟，驾驭着它穿过地中海，向威尼斯飞去。"你在这里能够寻到幸福。"我暗自思忖着。

可是我的鸟不能再往前了。碧波万顷的海水吸引它，其实它并不会游泳。看着它往下降落，我感到自己面临着死路一条。幸运的是，这里刚好有一条被海浪打翻的大船，击碎的船板在海水中翻转颠簸。鸵鸟正好落在一块木板上，它从木板上往前走着，走到头，前面又是一块，如此反复，不断循环。

开始时我并不理解，不知道这是怎么回事。直到我走完最后一块木板，回头向后看时才发现，原来是风在这里跟木板开玩笑。海风总是把最后一块木板往前推送，于是一直把我们送到威尼斯城的码头。

威尼斯人大腹便便，身穿黑色或灰色的大衣，又懒惰又投机，他们戒备地看着我来到城里。人们认为我是会给威尼斯带来幸福的大圣人，大家都显示了极大的尊敬。城里敲响了所有的大钟，国王率领一批神职人员，手捧福音书，姑娘和修女们捧着圣母像，他们一齐来到码头旁。这些人一律光着脑袋，有部分人还打着赤脚。

受到如此隆重的礼遇，我思绪万千。我的鸵鸟令众人惊讶地把我直接送到圣马可广场的中央。人们伸长了脖子，一时间竟不知道该怎么对待我。我告诉大家我的名字，并坚决请他们无须显示多大的敬意，更不要对我鞠躬甚至叩头。大人们重新戴上帽子，收起礼物，回家去了。钟声停止了，我来到一家饭店，卸下鸵鸟身上的鞍子，进去吃饭、休息。

第二天，我参观了城里的名胜古迹。我在优美的画柱前流连驻足，不忍离去。每一幅画面都栩栩如生，似乎在跟我点头招呼。此外，我还结识了有名的雕刻大师戈尔哥尼。他十分慷慨，送给我几件精品雕刻，并且答应按照我的愿望把雕刻品通过邮局寄往菩登魏尔特。

威尼斯是一座生活费用昂贵的城市，为了挣得钱财，我借了一面儿童小鼓，敲打着穿街走巷，引来了一大群孩子和淘气鬼。他们紧紧地跟在我的后面，最后堵塞了许多街道，并且在马路一边挤塌了九间房子，砖瓦砸死了成百上千个居民。我当众大声宣布将以法国式的腾空飞跃举办首次空中旅行。

第二天，来的人黑压压一片，多得无法描述。为了让先生们能有一些基本印象，我可以择其主要，简短地告诉大家：威尼斯人全部到齐，从豪富的国王到贫穷的乞丐。我得到一大堆钱，但是我知道跟着而来的将是迫害、厌恶甚至死亡，这一回我也许逃脱不掉厄运了。有一点是他们绝对不知道的，一只鸵鸟，而且是一只可以翻转着身子往前飞翔的鸵鸟，还有一位骑士，他也可以倒转身子，骑坐飞鸟。威尼斯人梦寐以求的正是希望看到这一幕人间绝技。

人们终于疲惫了，兴趣索然。我还想拿出更多的招数，可是劳而无功。当我第二十四次击鼓宣布空中旅行的消息时，已经没有任何人感兴趣了。是啊，他们已经在思考如何从我的口袋里重新把钱掏出去，然后再把我一脚踢开。

一天，我在雕刻家戈尔哥尼处结识了一位数学大师，这是一个始终生活在计算气氛中的人。他的知识十分渊博，可以立刻告诉我各类行星和彗星之间的距离，精确到几步几尺。认识他，我很高兴。长期以来，我一直在酝酿一项工程，想举行一次前往木星的旅行。这一回，我知道了全部需要的数据。

我请人用鱼骨做了一艘小船，然后给鸵鸟配上鞍，将小船套上，做了一回试验。我心里动了一个特别的念头，要能够在空中控制船的移动方向。我的小船用鳗鱼皮做船帆。我又让人做了一只鼓风机。凭着鼓风机，我在到了空中的时候，可以吹气鼓风，调节我的飞行方向。而且，我可以一会儿使用鸵鸟，一会儿使用鼓风机，让它们相互替换，免得使单独一个方面过分劳累。

我又做了一回尝试，结果很成功。我雇用了一个仆人，专门吹气。我自己则控制驾驶盘。掌握船的方向。我对这回的发明非常满意。有多少人还在为此绞尽脑汁，在暗中摸索着啊！

我的这个发明完全出于一次偶然的机会：那一回，我们的船停在地中海，风平浪静，船儿寸步难移。我拿过船上锻铁间的风箱，将它固定在一个角落，再拼命拉动，使它对着船帆产生一股大风。结果，我们航行得比任何时候都快。

在老百姓的欢呼声中，我告别了大家，启程离开威尼斯。飞行几天以后，我看出鸵鸟明显体力不支。此外，我们的胃也收缩得干巴巴的，前胸贴后背了。幸运的是，我又有了一个好主意：我在所有的口袋里翻寻了一遍——我们已经把全部的干粮都吃光了——偶然找到了一块埃及杏仁。我把它掰成三块，分而食之——我的鸵鸟，我的仆人和我自己。我们舒适地享受了一番。我让鸵鸟松下套，休息一阵，它与鼓风机通力合作，鸵鸟负责向上，鼓风机负责向前，相得益彰。

越往上，天越冷。我冻作一团，变得还没有一个普通的孩子大，我的仆人更加可怜，他收缩得活像一块烤生梨。鸵鸟最能够坚持。仆人连手也伸不出来，所以吹气的活早就停了。确实，他也没有力气吹了。

到达最高点离地有八万里，我们刚刚飞了四分之一的距离，离月球的大气层还有一万五千里。因为月亮对我们有一股吸引力，所以我们可以不用鸵鸟拉船，而是慢慢地趁势滑行。

我早就坚持不住了，非常疲劳，多少个夜晚没有好好地睡觉。不一会，我们都进入了月亮的大气层。我拉紧鸵鸟，我们又逐渐地舒张，恢复了原来的模样。随着一阵暴风雪，我们降落在月亮上。

这儿是月亮的北极尖顶，那里的人小得都像地球上的三岁孩子一样。他们又可怜，又凄惨。我看着他们，心里充满着同情；他们似乎感到心满意足，吃的全是大自然赐予他们的，诸如粗劣的狗奶、猫奶，喝的是一些肮脏的臭水。而猫和狗简直比地球上的人还大。

"这里也许没有什么可以填塞你的肠胃。"我默默地想着，并且考虑如何才能继续往前旅行。我的旅伴也索然无趣，他不愿意住在这一摊贫穷的泥淖里。周围只是一些破烂的草房，拙劣的兽奶，肮脏的臭水和一堆堆晒干的牛粪。

我的一双眼睛在旅行途中受了损害，视力衰退，模糊不堪，什么东西都分辨不清楚。实在无聊之极，我塞了塞了烟斗，将它凑在迎面过来的火苗上准备燃点。没料想这是一只大猫的眼睛，我还真的以为是一块炭火哩！就这样，我们又准备着往火星上去旅行。

我们休息一阵，然后重新套上鸵鸟。我自然不会忘掉在小船上装满了干粮，并且鼓足了双倍的勇气。

鸵鸟渐渐地往上飞去，我的仆人约翰拼命地吹气。大地越来越远，远远望去，它在底下犹如张开的大口。进入火星大气层的时候，我们遇到了一场罕见的暴风雪。人和鸟都无法前进，我们只得在大雪纷飞的云层里停下来休息。正是火星上凛冽寒冬的季节，幸好我在身旁带了一把马刀，那是我跟土耳其人打仗时的战利品。我抽出马刀做工具，我的约翰在一旁相助。不一会儿，我们就筑成了三间宽敞的大房间。

火星外的云层是一个广阔的天地。我们在这里尽兴地生活，美美地吃着我们带来的食品。食品并不名贵，可是却十分可口。我们的房间看上去真像漂亮的宫殿，珠光宝气，闪烁着美丽的光芒。

当我发现房间在急速变大的时候，连忙做好了应变的准备。鸵鸟坐在飞船旁，全力以赴地等待着继续飞行。

一阵飓风驱散了飞雪的云层，把我们的空气宫殿吹刮得无影无踪。我们受到了一阵剧烈的震动。几乎相信要掉到地上，撞得粉碎了。

飓风吹起了我们的约翰。眼看他就要遭殃，我赶紧伸出手去，一把抓住他的大腿，把他重新拖进飞船。

我们在这个云层里又生活了两个月时间。飓风渐渐地停息了，我们已经接近了火星。这时候，我们已经不再需要船帆，也不再需要飞翼和风箱，可是我们却从四面八方嗅到一股难闻的气味。我们对这股臭烘烘的味儿很不习惯，因此拼命地掩住自己的鼻子。飞船垂直地降落下去。下面是一个小小的村落，飞船正好停在一块美丽的田野里。

看起来，这里真是一片肥沃的土地。我仔细观察了几棵大树，树上结满了奇异的果实。有棵树上挂着许多硕大无比的锥体果。我顺手摘下一枚，将它剥开。咦，瞧吧！令我非常奇怪的是这里竟是一件漂亮的上衣，带着很多纽扣，跟我们平常看到的衣服一模一样！

我的衣服已经穿得十分破烂了。我脱下它，扔在一旁，连忙穿上这一件。自然啰，我也没有忘掉给约翰摘下一件外衣。

我又查看了其他的树木。我看到一种新奇的核桃，里面没有桃仁，却是一双漂亮的鞋子。我本来就有猜想，认为火星上的人一定也穿衣着鞋，跟我们差不多，现在我的假设得到了证实。

可是，这块地里的人都是些不中用的汉子。他们连连放屁，卷扬起一阵阵可怕的怪风。怪风含有一股臭气，令人掩鼻不止，实在难以忍受。我的仆人约翰很聪明，他创造性地把头钻进风箱，把一股股怪风从我的鼻前吹走。

我当然想调查研究一番，看看怪屁究竟从何而来，结果发现这里的居民十分贪吃。这里的土地十分肥沃，这大概就是主要原因。人虽然看起来跟我们差不多大小，可是洋葱和其他的一些作物却比我们地球上大十倍。保养身体和吃饭是他们生活的主要需要，是他们生活的全部内容。

他们的生活就是持续不断地吃饭、喝水、消化、睡觉。无需特殊的艺术，大自然源源不断地供给人们全部的物质需要。

我在这里住了几天，突然十分怀念我的鸵鸟。人们将它从我这里逮走，后来我听说那只鸵鸟被毒药杀害了。奇怪的人啊！他们谈论公平、诚实、仁慈、忠贞、节制，制定了相互间必须遵守的最最严格的法律，可是正是这些人却十分疏忽，他们对那些法律不屑一顾，只凭着自己的一时意志自由行动，为所欲为。

夜里，他们生活在浓浓密密的羽毛间。他们饱餐一顿，叉子要叉起千百样的食品。也许他们确切地知道，这些都会伤胃、伤神，可是他们仍然在每时每刻地反其道而行之。他们用玉米制作饮料，这实在比尿还要难喝一千倍。他们长期饮用，希望借此恢复已经被破坏了的肠胃，从额头擦抹去恼怒的余痕。

无论春夏秋冬天气出现多大的变化，他们都能拿出上千套衣服。虚荣与无礼，这一对身份特殊的孪生兄弟在这里安家落户，住了下来。疏忽和懒惰是他们的常客，杂乱和肮脏则成了朝夕相处的姘头或情郎。

在那些奇大无比的房间里，他们崇拜着自己至高无上的神灵。可是，即使对待上帝，他们也只是哈欠连天，唱着怪腔怪调的歌，说一番恭维话敷衍了事。

他们养儿育女，就像人们饲养猢狲或者鹦鹉一样，其原因很简单：这是那里的时尚。

如果我胆敢冒昧，不惜让我们的读者忍受无聊的煎熬，那么我至少还可以写上几十页，可是我却不忍心制造任何读者的反感，或者让他们无聊得瞌睡连天，以至于涕泪满面。

我实在受够了这样的生活方式。无止境的大洋葱，无止境的怪饮料。我的读者也许对此早已腻歪，不堪忍受了。于是，我未经认真地考虑就打开了降落伞，让自己慢慢地降落下去。

可是怎么啦？一阵气流将我轻轻地吹到了月球上。面前又刮过一阵剧烈的飓风，降落伞被吹破了。我一阵紧张，手一松，降落伞也从手上滑掉了。它没有到达月球，却无缘无故地落了下去，摔在我们的地球上，掉在卡雷斯附近，后来落入法国的气球航行家勃兰查特手中。勃兰查特从小就喜欢玩弄风筝一类的游戏，他正是从中获得灵感而幻想进行大规模空中旅行的。他将降落伞修补一新，等他略微长大一点以后便做了几次试验。现在，他已经名声大震，又让人做了一种全新的降落伞。正如你们也知道的，只要一声咒语"赫库斯坡库斯"就够了。

我这个可怜虫就这样呆呆地坐在月亮上。也许谁都会同情我——没有鸵鸟，没有降落伞，没有风箱，没有约翰，孤孤零零，无依无靠。我早就不想待在这里了，这是一块少有的无聊之地。它一会儿收缩身子，干巴巴的，活像一把猎人的号角。然后又舒展身子，变得又圆又大，像西瓜。

月亮上的人都认识上帝。相互间熟悉了，自然变得一文不值。实在糟糕的是，我在这里几乎找不到一块用来大便的地方。

有一个现象让我实实在在地看在眼里，让我感到我来得正是地方。我在地球上的时候几乎难以相信，大得无穷无尽的月亮竟然直接影响着我们的海洋，尤其造成了海洋上的涨潮落潮。我因为亲眼看到，所以信服了。看来，人们对那些似乎没有理由的现象不能一开始就胡乱地抵制或者拒绝。我这一回算是获得了座右铭，再也不会忘掉了。

我看到的是，有时候，当月亮超负荷装载的时候它也跟人的身体一样。它那巨大的毛孔每经过六个小时都会吸进许多冷风，借以维持它的身体需要，使它能够继续挂在空中。冷风攻心，当然会使它腹痛难熬。我亲眼看到它有一回按着肚皮，使劲地往下挤压。当我追问这是什么原因的时候，我听说，它每经过六个小时就会产生一股压力。正是这股力量引起了潮汐，于是地球上就会涨潮落潮。而且，地面上涨潮是否厉害，完全取决于月亮肚子疼痛的剧烈程度。那里的居民非常害怕，担心它腹痛过分厉害而自暴自弃，最后可怜兮兮地滚落海洋。那样就会连人带船，全部殉难。

也有人持不同的意见。他们说月亮每隔六小时呼吸一次，肺活量大大地扩张，对海洋产生巨大的压力，于是出现潮汐，这是一种神奇的自然作用。

两种看法，各有千秋。我认为前一种意见十分有趣，而后一种意见却又十分自然。

自从我有了这一重大发明以后，我一直以为对全世界作出了巨大的贡献。我立即决定，到处乞讨切碎了的干草，而且多多益善。现在的我比起第一回来时要好上许多倍。我努力地在月亮上挖了一个漏斗形的大洞，然后把自己完全包裹在干草堆里。哦，我事先还在漏斗形的大洞里填塞了许多碎干草，为了跳下去时能有一个软和的铺垫。我等裹扎结实以后便纵身跳了下去。

等到我后来钻出干草堆，发现周围的碎草堆得简直像一座山，汉诺威的宫廷马厩可以在未来的二百年内无需准备马的饲料。我软软地摔了下去，地上裂了一个大坑。我花了整整三天时间，才好不容易从坑底爬了上来。天上纷纷扬扬地散落着细碎的干草，犹如漫天大雪，下了一个星期才最后结束。

人类社会有史以来也许还未曾遇到过比这次更大的旅行。我虽然经历了许多冒险，可是却取得了圆满的结果。

我让长长的三里路上铺满了碎干草。然后，我慢慢地看到人们一个个地从草堆下面爬了出来。他们经过仔细调查，发现竟然毫不费力就得到这么多牲口饲料，自然喜出望外。这也正是卑劣的人所竭力希望的。他们非常奇怪，因为他们完全不知道那是怎样一个善良的老天，它竟然给人们抖落了这么多的好运和幸福。云端里落下倾盆干草，他们确实没有见过。我转身看到从干草堆里爬出一个人来，马上看出他身上穿俄罗斯的服装，听出他操一口俄语。我向他打听彼得堡离这里还有多远距离，得到的回答是："整整两里！"

我是多么高兴啊！可是我已经饥肠辘辘，饿得前胸贴后背。而且，由于空气浑浊，我又变得像从前那样面目不清了。我衷心地希望在我这副欧洲人的肠胃里能够灌塞一点欧洲人习惯的美餐。

人们经过一番忙碌，从一阵惊愕中稍微恢复了神志，开始仔细地打量我。有人将我引入附近的一家饭庄。我踏进屋子，一眼瞧见火炉旁边有一只奶箱，旁边还有许多牛奶桶，便未经请求，也没有等到女主人前来服务，大步流星走上前去，端起一只碗，不停地喝着鲜美的牛奶。不一会儿，我足足喝了二十升牛奶，连同乳脂等等。

这回够我的肚子忙碌了。多么激烈的滚动和轰响！我的肚子剧痛，痛得史无前例。人们即使到了地狱里，肚子也一定不会如此疼痛的。我觉得肚子里活像一座活动的黄油制造机器。"就在里面加工黄油吧，就在里面加工黄油吧！"我默默地思量着，"也许你就此再创丰功伟绩哩！"

在火星上，人们把我的钱财掳掠一空什么也没剩下。他们把我的鸵鸟用毒药杀害了，那是因为他们担心，害怕我以某种神力的名义占领他们的星球。

事情该怎么样就怎么样吧——我已经看到自己未来的发展了。我急切地告诉女主人，让她把家里的大缸大坛全都搬来。她照此办理了。而我——实在得罪读书的各位女

133

士和先生——竟然张开了大口，哇哇地呕吐不止，呕得无穷无尽。自然，我所呕出来的都是质量上乘的奶油，任何黄油桶里都无法加工出如此漂亮的奶油。

女主人在一旁热情地帮助。她友好地看着我，见我有时不能飞流直下的时候，便在我的背上轻轻地捶几下。直到几个大容器全部装满时，我才稍感轻松。女主人把缸坛移到其他地方，适量地加了一点盐。有人称了称，全部黄油加起来还不到一百零九磅三十一罗特三克温特①。女主人按照每磅十三个戈比给我报酬，我为这种唯一特殊的黄油加工法一共得到十五个卢布，另外还加了一些干粮。

女主人一点儿也没有蚀本。我吃饱喝足，带了十五个卢布动身前往彼得堡。在那里，我天天从女皇陛下的餐桌上嗅到并认出我所加工的黄油。女主人真应该千百次地为我祈祷，她为此得到六十卢布的利润，因为女皇陛下特别爱吃这种黄油。后来，女主人让人不下十次地捎来口信，请我能够继续满足她的要求，为她加工黄油。我为此感激涕零，心底里久久难以忘怀。我想："让人们自己去尝试吧！这是一件令人作呕的事，十分可怕。"至于我，当时纯粹出于无奈，饥寒交迫，情急之中，偶然得到了这一种奇特的方法。

女皇陛下决定乘雪橇前往莫斯科旅行。所有的教堂都为女君主祈祷，祝她洪福齐天。其实，没有这番祈祷她也

———————

①罗特，重量单位，约三十分之一磅；克温特，古代德国的重量单位，合1.67克。

一定会旅途安乐的。承蒙她赏脸，看中我骑马的专长和绅士风度，特地挑选我跟许多俄国贵族一起护送她。女皇陛下的雪橇是特制的，人们可以非常简单地把它想象成一座小型的纯粹俄罗斯格调的夏宫或者狩猎别墅。这雪橇只有一层建筑，下面有地下室。地下室里有厨房、贮酒室、酒吧等等，舒适的设备一应齐全。上面是女皇陛下的住房、晋见大厅、餐厅。女皇陛下的卧室。以及其他王室成员的卧室里都摆着贵重无比的桌椅、明镜和应有尽有的家具。这一切共需要二十四匹骏马拉。这下人们清楚地看到了俄罗斯的皇家建筑，当然也可以推算出马的力气。这样的马拉雪橇行驶如飞，人们几乎看不出它在移动。我们在雪橇上可以进行任何活动：又吃，又喝，还做游戏。我几乎想不起雪橇在途中是否有过小小的颠簸。当然，这条道路也是经过预先修缮和整理的。我们跑完十俄里①，前面就是一座驿站。俄国的驿站车夫驾驶马拉雪橇的本领十分高明，如此精湛的艺术我在德国从来没有见过。雪橇还没有到站的时候，前面已经预备下二十四匹骏马，整齐地套在一起。虔诚的驭手对女君主毕恭毕敬，他在后面维持着雪橇的平衡。换马的动作非常迅速，这里的二十四匹马刚刚解下，那里的一组马就被套上，没有一刻的耽搁时间。如果他们没有这套本领，由于雪橇的横杆全是钢铁，那么一旦出现差错可就不堪设想——雪橇即使没有马儿拉动，它至少也会由于惯性前冲四十俄里。从前真有过这种情况，恼怒的驿站车夫不得不跟在他的马匹后面追赶整整十俄里

---

①1俄里=1.0668千米。

路。幸运的是，他终于遇到前面有一个大洞，否则还不知道要赶多少路。

我们正在匆匆赶路的时候，横向里突然冒出了一头野狼。野狼飞跃着，朝着我们的一匹小马扑将过来。我急忙拎起马鞭迎空挥动，马鞭在空中呼啸着打成一个活圈，我用这圈套住狼的脖子，将它活活地勒死了。

女皇陛下的雪橇又飞驰往前。我把勒死的野狼指给她看，女皇十分高兴，她为我这举世无双的骑士颁发嘉奖，额外奖励我一万卢布。

我们大队人马正在飞速前进时，忽然有人惊叫，我连忙冲进女皇陛下的房间，原来是我们驶上了一条颠簸不平的道路，眼看着雪橇就要颠翻了。我赶快站到墙角处支撑，那是雪橇往上跳动得最高的地方，嗨，它竟然因此获得了神奇的平衡。女皇陛下立即当众夸奖我说："闵希豪森，你果然名不虚传，完全不是光有吃面包的本领！"

我们又策马前进，突然看到天空里飞着一队野鸭，它们在空中排成长长的一溜。我们的队伍里有一位几何学家，他用手上的仪器迅速地进行测量并算出了读数。我目测了一下，想把它们全部打下来。为此，我把一颗拖着长长棉线的子弹压在枪膛里，棉线上涂满了努比恩的龙油。我扣动扳机，子弹不偏不倚从第一只野鸭的颈项里穿过去，一直连结到可爱的最后一只。当然，主要是它们飞在一条直线上，否则也决计不会有这种可能。看到野鸭们全部跌落下来，在场的人无不惊愕称奇。

雪橇一刻也没有停留。我们把野鸭一一装上。雪橇上那些无所事事的人十分高兴，他们的脚早已冻得生疼，僵得迈不开步子了。

　　俄罗斯的军队给我留下了强大守纪律的深刻印象，是一支卓越军队，这可是我获得了确切证据的：

　　在一块低洼地上有一条弯曲的小河，河面上没有木桥。那里集合了几十万女皇的军队，他们按照地势的高低，或躺或跪地垒起来，用几十万人的身体填平了洼谷。最上面一层的士兵把铁盾牌顶在头上，铺成了平坦大道，盾牌上是一层松软的白雪。当我们驶行上去，下面欢呼雷动，拉雪橇的马儿惊吓得差点儿找不到道路。这样的集团编队已经持续整整两天，可是仍然坚强挺拔，犹如一垛城墙。

　　华丽的雪橇通过了，士兵们在雪橇下热烈地欢呼："我们永远为之祈祷的卡塔琳娜女皇万岁！"

　　市府官员们在市议会大厅欢迎女皇，她赏脸在那里用了午餐。宴会厅豪华富贵，说不尽的山珍海味，倾倒的甜酒佳酿犹如哗哗流动的溪水。

　　我这里还想提一下那种特殊的酥皮点心，它一定属于各类点心之最。这点心如一轮满月，是一种用鱼、肉、菜等混制的酥皮馅儿饼。当我们打开饼的盖子，准备欣赏一番时，瞧吧，里面走出一位逗人喜爱的小男孩，身上撒了一层香粉。小人儿谦逊地鞠了一躬，举起双手，给女皇献上五首诗歌。女皇先是吃了一惊，继而一阵欢笑，仪态万千地赞赏道："人们几乎相信已经进入了神仙王国。闵希豪森，这一定是阁下的杰作了吧？"她向我微笑着，轻轻地鼓着掌。

我听到动问连忙回答说："女皇陛下，正是出自忠诚于您的臣仆之手。"

她把那首诗交给宫廷差役，吩咐把这首诗挂在她的房间里。女皇慈祥地握着小人儿的手，让他从宴席旁站起来，把他收为宫廷侍童。围坐在旁的先生们早已肠胃咕咕望着馅饼口水直滴。

说句良心话：这还是我在第一次旅行时留下来的玩意儿，一直搁在这里，小人儿在这期间已经长大了许多。

晚上举办彩灯晚会——我虽然不是舞迷，可是女皇的要求，盛情难却，只得欣然前往。

到了莫斯科以后我又护送女皇回来。旅途平安，沿路无话，没有奇特的故事发生。

几天以后，我们经过休息，大家都从疲劳中恢复过来。冬天，在俄罗斯旅游是最舒适的活动。我又乘了雪橇前往诺夫哥罗德。途中，离诺夫哥罗德还有半个小时路程时，我突然看到一头野熊。那熊横冲直撞，没头没脑地朝着我的雪橇冲过来。我屏住气，静静地躺在雪橇里，眼看着野熊爬上雪橇，可是不等它把前掌搁到雪橇上，我举起土耳其弯刀奋力刺过去。刀从它的前掌一直捅出，把野熊牢牢地钉在雪橇上。

熊坐在那里，我非常高兴地看着它辛勤地赶车却不能离开雪橇半步。野熊表现得十分有耐心。

我正想引着雪橇朝诺夫哥罗德城内驶去，却遇到对面走过来一队人马。那是牧师带着一批圣徒，正在庆祝尼波摩克圣人节。队列里的人十分虔诚，他们错把我弯曲的刀把看作一个十字架，不过它的外形也确实很像。他们想尼波摩克圣人一定想亲自造访人间。于是都不由自主地跪下，齐声唱起了赞歌。

可是"圣人"——那头熊并不理会这些虔诚的举动。它猛地挣开了身子，带着刀在人群中横冲直撞，砍伐得血流成河。大家这才相信，原来是魔鬼出世。出于一番好意，我迅速驾驶雪橇重新回到圣彼得堡，路上一刻也不敢耽搁和停留。

不少人希望水路旅行，我无需讲更多的话解释其中的原因，大家对我都十分相信，相信我自己的亲身经历。可是人会变出水来，也许您一辈子都难以找到一个例证。我却是经历过，虽然说起来像讲故事，不过事情的确是真的。

有一回，我们几个人外出打猎。我们的运气真不错，在树林里，在拉杜界湖，我们打到了许多猎物。我们还射倒了一头公鹿，头上共有一百四十四个叉角。我从来都没有见过这样的动物。后来，我又发现一头长着二百七十个叉角的公鹿。我在后面紧追不舍，走得过分远了，离开了一起前来打猎的伙伴。

骄阳似火，酷暑难熬，我已经疲倦不堪。怎么办呢？

我一屁股坐下来，对这一场愚蠢的玩笑很不情愿。我孤单一人，身旁没有狗，没有打猎的同伴，外加饥肠辘辘，所以慢慢地吃完了打猎的干粮，把头枕在猎袋上精疲力竭地睡着了。

我是躺在一座小山坡上。睡下不一会就大汗淋漓，身下全是汗水。又过了一会，身下的汗水流成了小溪，我像乘坐一艘小船，跟着我的猎袋一起往下流淌，直到一阵强烈的抖动把我惊醒。我醒来一看，我的猎狗"苏丹"来得正好，它一口咬住我枕着的猎袋，把我从急流中撕扯着救了回来。原来我已在顺流直下，朝着拉杜界湖淌下去。好险啊！

我纵身跳起，欣喜地拥抱着爱犬"苏丹"，然后带着它回到了圣彼得堡。晚上，我跟女皇陛下一起用晚餐时高兴地喝着葡萄酒，我把白天的险遇告诉她，她感到非常惊奇。

不久，我获得了假期。女皇陛下送给我一只镶嵌宝石的小圆盒，盒内放着她的肖像。此外，她还重重地奖励我一大笔钱，用于感谢我对她的忠诚服务。告别女皇陛下以后，我兴致勃勃地朝利服尼亚走去。

那尔瓦是我主要停留的地方。我喜欢这里，是因为这里除了许多森林以外还能打到狐狸和野熊。那尔瓦交织着我的幸福和灾难。我的幸福和其他的一些愉快遭遇可以在这里直接告诉您，而我的不幸则就留待一位打猎朋友最后向您叙述。只是有一个条件——您千万要提防酒店客栈。

我诚恳地提醒各位注意，这是一条金不换的经验教训。如果您不听劝告，想自己亲身验证它，那恐怕不仅对我，就是对您也为时太晚了。

我被一位美貌姑娘的眼神迷住了。没有经过多长时间的犹豫，我就如愿地占有她那美丽的心灵。后来，打过几头野熊以后，我竟然赢得了姑娘以及她父母的宠爱。

我们订婚的第二天是女祖节。我吻着未婚妻的左脸颊，不料却在她的脸上留下一个大洞，过了六个星期伤口才愈合。正是这个原因推迟了我们的婚期，尽管伤口后来已经长满了，可是毕竟留下了疤痕，像一块标记。先生们，你们要记住，别在女祖节那天吻您的美丽的妻子。

那尔瓦附近有许多颜色漂亮的野鸟，当然也有许多沼泽地和枯燥无味的地方。我的未婚妻一生吃了无数的野鸟蛋。今天，当我回想起来的时候仍不免毛骨悚然，可是，人们为了未婚妻，哪还有什么不敢做的事呢？

一天，我大胆地跨进沼泽地，看到许多鸟窝，窝里藏着鸟蛋。我将鸟蛋一一地拾起来，放进猎袋。

突然，我陷入了泥潭，而且不知不觉地竟然一直没到脖子。我几乎已经绝望了，可是闵希豪森是个不屈不挠的人，他遇过水陆危险，遇到土耳其人和黑人的加害，有过在希腊的险遇，更不消说月球上的事了——一句话，他在人生的三十九项危险中都重新找到了安全。我在这里如果没有了那条忠诚的爱犬，那么就有闵希豪森的好戏看了。

时近黄昏，天暗了下来——不，漆黑漆黑，您总是可以想象得出。我的狗向着东方，向着南方，向着西方，向着北方，不断地朝四个方向激烈地吠叫，希望唤醒人们注意，得到人们的帮助。我离开那尔瓦还有三里远，离开有人烟的地方也有两里。

我的狗凄惨地叫着，它伸出尾巴在我的眼前晃动。开始的时候我不知道那条狗想干什么，后来我终于明白了，便一把抓住它的尾巴，呼的一声，我被拉出了泥潭。我该往哪里走呢？即使在这里被救了，也还是死路一条。天气冷，我浑身透湿。我如果在那里站立一分钟，那一定会冻成一条冰棍。如果我回不了家，那么未婚妻和岳父母一定会惊恐万分。伸手不见五指，脚下又没有路，我到哪里去呢？

我正着急得不知如何是好，忽然听到狗又叫了起来，那无疑是个安全的信号。我抓住它的尾巴，狗尾巴牵着我，就像牵着一位瞎子穿过黑夜和惊恐。经过五十九分五十九秒的奔波，我们终于到了那尔瓦。我全身的衣服几乎没有一根纱丝是湿的——那是由于体内的热量和外间的空气双管齐下，把潮湿的水分全都蒸发干了。

我的妻子哼唱着悲痛的歌儿，热泪盈眶，她已经预感到我遭遇了不幸——而现在却是喜从天降，欢乐无比。我和爱犬都美美地吃了一顿饱饭，结束了劳累无比的一天。

有位伙伴根据上述的报告讲得更加头头是道：

闵希豪森男爵独身的时候曾经来到勒瓦尔市郊。他在城里举目无亲，所以住在郊外的一家客栈里，顺便打听城里的消息。老板娘是位美丽风流的女人，闵希豪森自然也是行家里手，情场艳遇不会少于一千回。他被老板娘迷住了，一回又一回地向她吐露爱慕之心。两团炽热的火在这里遇上了会发生什么结果呢？火花迸裂，熊熊燃烧。先生们，您可得千万注意，提防酒店客栈！这是一条黄金法则，是闵希豪森男爵现身说法，从自己的经历里总结出来的。他的体验十分痛苦。我需要为之补充一点：您尤其应该提防年轻美貌的女店主！

离开勒瓦尔的前一天还发生了一桩稀奇事。男爵去玩九柱游戏，一位年轻人故意向他寻衅。闵希豪森生就的火爆脾气，年轻的时候自然更加激烈。

轮到年轻人掷球了。他刚要接球，还不忘蔑视地看了闵希豪森一眼，嘴里吐出一串粗鲁的话。闵希豪森大怒，他抽出马刀一挥，把年轻人的脑袋打落在他自己的手上。年轻人一定以为手上拿到了滚动的球，因为他已经做好掷球的准备，所以顺手掷出。没料想滚动的头颅不偏不倚全部击中，九柱中没有一根例外。这真是意外的好球。可是世界上再也没有比这一幕更加滑稽可笑、稀奇古怪的了：没有头颅的躯体在鼓掌拍手，没有躯体的头颅却在九柱中大呼"好球"！而男爵不得不迅速离开勒瓦尔。

这里我还想给您读一段男爵先生自己撰写的故事，那里讲到了闵希豪森男爵在菩登魏尔特及其田庄里的经历。

菩登魏尔特是威塞尔河旁的一座小城。从前它是如此繁华，如同所有大河旁的城市一样，这里有亚麻业，生意兴隆，历史悠久，可是现在却成了一座贫穷的乡村小镇。居民们生财无道，少数人以种菜维持生计，这是上帝赐予他们的衣食父母。他们多数人却是四海为家，乞讨度日。有些人表面看起来似乎不像，其实也在做挨门生意——当乞丐。

我决定在这个城里住下来。我把自己的行李全都装在利服尼亚牛蒡花的大叶子上，搬运上船，然后离开勒瓦尔。穿过波罗的海，我在哥本哈根又采购了新鲜食品，然后到达吕贝克。我在吕贝克弃船登岸，乘车前往菩登魏尔特，一路无话。我相信，在这座我从前就已经熟悉的城市里一定会生活得十分愉快。这是一座具有浓烈浪漫色彩的城市，欢腾喧闹的流水从美丽的山脚下穿过，两岸的山坡把腰身浸入威塞尔河。那里是我早年生活过的地方。

当年来到这里的时候，看到市民们忙碌着亚麻生意，他们腰缠万贯，生活十分富裕。现在，我向娇艳的妻子建议，置办一块小小的田产，在那里住下来，共享安逸的生活。我们远离世界的纷繁喧嚣，在那里我们已经做够了把戏，从世界的一端奔波到世界的另一端。现在，我们希望过几天安静的日子，而我也可以借机向朋友传授我自身的经验。后来，我也果然这样做了，只要找到人，我便向他们叙述并指教一番。

我准备在屋后朝威塞尔河的方向修造一个优雅美丽的花园。当然，花费的成本还得尽可能地降低。我在河上造一座浮桥，让它跟荒山上建成的花园连在一起，那里原来长着一些知名或不知名的作物，树木或灌丛。有的作物也许来自北美洲。

园子里花草树木一应齐全。花儿争奇斗艳，过不了几年，就会使得园地盛享美名，这是不难想见的。我在花园的入口处竖了一件雕刻艺术品，那是早就出名的意大利杰作。另外，我还让人把山鹑都放养在这里。山鹑十分驯服，它们安静地任我随意抚摸，丝毫没有受惊扰的感觉。春天，花园里飞舞着六千只夜莺，其中有一些是特殊的品种，它们可以一直鸣啭到九月二十九日，那是米迦勒节。

我在花园的下面建造了一座土窑，把我所拥有的一切标本陈列在里面，其中有些是我在各种旅途上收集到的，有些是情妇送给我的礼物。例如有一块矿石，说一句不见外的话，那是一块纯金，价值连城，难以用数字计算。我将它理所当然地翻过身，让显示黄金的那一面朝里。否则，那一定早就被偷掉了。现在人们只能看到粗糙的表面层。另外还有一块石头，它用特殊的气味向我报告即将下雨的信息。世界上无奇不有，有的神奇的东西可以听到跳蚤在咳嗽、听出野草在生长或看到一些平常人根本看不到的东西，所以也就难怪我会嗅出天要下雨的秘密。

远离窑洞的山坡上修建了一座庙。我把这块地方称作峰尖。站在峰尖上，眼前风景如画。这座寺庙完全是按中国的格式建造的，寺庙的设计图也是我从中国皇帝手上亲自得到。我常常在这里眺望远方，欣赏美丽的景象，有时候跟几个朋友，有时候独自一人，面对着可爱的城市自言自语。我诚心诚意地问候周围的山峦，问候大自然的一切造物。大自然是如此野蛮，又是如此文明！呵，我多么愿意看到眼前的小城欣欣向荣，繁华无比！我对自己的艺术杰作感到到无限欣慰。

有时候，当我站在山坡或建筑物的顶端俯视下面城市时，我会感到一阵头晕目眩。我的钱袋不愿也不能让我随心所欲。从利服尼亚带来的款子日见其少，我的财富顺着各种途径在向外流淌。我从田地里的所得，也常常像早晨的一餐面包，管不住一日三餐的需要。如果我从君士坦丁堡带去意大利的钱放到这里花费，那该多么美妙啊！

我日益忙碌的事情也很有限。打猎、几条狗、欢乐的山坡、花园、骑马、烟斗占用了大量时间。有些德国种的野兔，有些北方的野熊十分可爱，我不忍心去杀害它们。另外一些猎物就不同了，它们做不到耳聪目明，因此我也顺便捎带打一些。这里我不得不提到一条狗的故事，那是我用特殊的方式训练的，即使我并不亲自出去打猎也无碍大局。我给它一把特制的枪，用几根绷带绑在它的身旁，将它的尾巴扣在扳机上。这条狗真幸运，首次出猎就给我带回两只兔子，而它只开了一枪。

可惜我却以一种糟糕的方式误解了这头忠诚的猎犬。有一回，我们一起去狩猎。猎狗走得太远了，它发现了目标，马上做起了记号，心想它的主人一定会来的。闵希豪森却没有来，这条狗一直站在那里，没有离开半步。半年以后，一个偶然的机会使我来到这块地方，我终于发现了它——它站立着，保持着原来的姿势，只是已经彻底风干了。感兴趣的朋友可以在我的自然标本陈列室里看到这条狗，我将它安排在首要的位置上。

朋友们一定发现我的武器库井井有条。我的猎枪远近闻名。在利服尼亚，我曾经把野熊打得没处躲藏，最后从自己的皮毛里逃了出来。另外，我的仆人把古尔登银币夹在大拇指和食指之间，我一枪就把银币打飞了。现在，如果有人愿意一饱眼福，想做一回尝试的话，我也将不吝赐教，可以重操旧业。不过，丑话可得说在前面，近年来我的手有点儿发抖，所以不能绝对保证，弄得不好也许会误伤朋友的食指和大拇指。再说，我的猎枪虽然是我一生业绩的生动体现和不朽见证，可是使用时间久了，难免小有走火的事。

我有一幢出色的小房子，它应该给我的叙述画上一个句号。房间里面全部用中国的木板做护墙，显得美丽大方。中国皇帝跟我有五十年的私交，我们书信往来，他给我赠送了护墙木板。谁也想象不出那木板花纹有多么精美，也没有任何的画笔能够如此细腻而又生动画出它的纹路。只要人们想象得出，只要人们希望观赏的，他都能在这里一饱眼福。

每一次，我只要踏进自己的房间，心里会油然升起一股心醉神迷的异样感觉。我欣赏着栩栩如生的伽蓝鸟，它同时哺乳着七只小鸟。看着画，我总是以为这里是真情真鸟。不远处盘旋着一条响尾蛇，它是如此逼真，似乎能听到它发出丝丝的声音。岩石顶上站立一只雄伟的山羊，它跃跃欲试，做出往下纵跳的姿势。我的爱犬"苏丹"就在角落上，它在吞食着我的胃。我骑马行进在小麦地，我在海上的奇异经历，水上的险遇，其他各地的冒险……塞纳阿尔的龙，骑坐鸵鸟飞赴月亮，搭上降落伞重回地球，月亮上的干草，活动的黄油桶，雪橇的故事，诺夫哥罗德的熊戏，乘坐的猎袋流淌，那尔瓦沼泽地里的危险，美丽的女店主，温柔而又甜蜜的妻子，肥沃的菩登魏尔特，我的花园，我的土窑，一句话，我全部的故事都生动地刻画在房间的书页上，每个参观的人都可以想象出其中的故事来。故事讲到这里，应该画上一个句号了。

闵希豪森男爵的悲歌

——朋友和崇拜者为他撰就的墓志铭

他已经远远逝去

那里静静躺着的，
是那正直灵魂的躯壳——
他已经远远逝去，
那是我们诚挚的密友。

呵，跟我们一起哀悼吧，
朝着他的遗骨痛哭失声。
呵，跟我们一起泪洒天地，
你们，全都离不开他！

为他祝福吧，
他在静悄悄的墓穴里；
为他祝福吧，
他为我们贡献了青春。

人们啊，你们只会说：
他是无耻说谎者的上帝。
你们认识他，然而
你们却不识他的灵魂。

当他无限欢欣
举杯畅饮的时候——
他那里，在他那里，
充满着虔诚和幸福。
啊，时光啊
悄无声息，欢乐无比，
在他善良的嬉笑中流逝，
有谁不是满怀喜悦离开他？

如果坐在赌桌旁
醉生梦死，消磨时光，
难道这真的意味着
感受大好世界的幸福？

如果人们无聊地干坐
多少个长长的时辰——
目的仅仅为了
打发尚还宝贵的时光？

难道这也是幸福？

如果人们只是打发光阴，
而把最好朋友
以自身的错误描绘一番？

如果有人真以为
一生清白，远离缺陷，
难道这能弥补
自吹自擂的人生悲剧？

起来，有道德有良心的人，
起来，随意地告诉我们，
起来，告诉我们：
我们的方式更为优美。

即使你一声不吭，
只是耸耸双肩，
那么，一个自由的灵魂——。
我们的良心会倾诉一切。
我们为他呵，
为了我们诚挚的密友，
究竟受到多大的损失，
朗朗世界，无法弥补。

与我们一起悲痛吧，
呵，朝着他的遗骨痛哭；

无限地悼念他，

他是我们最好的朋友。

两年前，闵希豪森男爵身染重病，如同常见的情况一样，他也被判为"绝症"，必死无疑。这一消息纷纷扬扬，四处流传，竟至成为产生上述悲歌的契机。这首悲歌由于偶然的原因落入我的手上，我们从中可以清楚地看到男爵朋友们的情绪和思想。我想收回这首悲歌，可是这究竟于事何补？让它永远为纪念男爵而存在吧，让男爵为能够永恒地活在人间而欣慰万分！

闵希豪森男爵的
水陆旅行和最后命运

应闵希豪森男爵之命，
作者忠实地记录了他的经历。

导言：男爵的嘱托

亨尼希·屈佩尔，菩登魏尔特的一位教堂司事是如何合法出版有关闵希豪森男爵故事遗稿的。

闵希豪森男爵的生命钟声似乎在逐渐地消逝。在这位虔诚君子的最后时日里，我几乎每日，不，几乎每时每刻地厮守和伴陪着他。1796年，栎树树叶开始飘落的时候，男爵先生安然去世。他究竟是怎么死的，尊敬的读者将在这部作品里找到答案。

在他生命走向尽头的前夕，我们曾经单独地相处了两天。

"屈佩尔，"他看着我说，"你对我真是尽心尽力，恩重如山。你是我的忠实的魔友靡菲斯特①，日日夜夜地伴随着我。我的生命之钟早已准备停歇，是你用无微不至的关怀和服务，用你欢乐的话语又给我重新注入活力。你的诚实，你的忠贞，你对我的亲密和友谊使我感动万分。我希望能够报答你。大胆地提出要求吧，你的任何要求都将

---

① 靡菲斯特，《浮士德》中的魔鬼。

得到彻底的满足！"

　　我只能含泪作答，因为自从认识他以来，这位英勇的男子汉也给了我许多帮助。谁都明白，一位教堂司事能够拥有什么？只要你认识一位司事，或者熟悉他的生活和境遇，你就会了解所有教堂司事。为孩子们付出许多艰难辛苦，向他们宣讲教义的基本知识，在教堂的大塔楼上撞钟，日日夜夜，每时每刻地注意太阳和星辰的行进，年复一年地打扫教堂，清理壁根角落。只有天知道这是一件怎样的苦差，而且还吃不到一餐饱饭。可是我不想抱怨。但愿老天给我一颗知足常乐的心，让我成为闵希豪森的良朋益友，让他成为我的慷慨施主和靠山。我拿他的优质烟草卷烟，在他的饭桌上用餐，喝他的葡萄酒。他穿剩的衣服全都给了我，我还需要什么呢？可是，当我想到这些愉快的时光即将成为过去时，咳——

　　"你哭了吗？"我问男爵。
　　"没有！我不会哭。听着，我愿意为你做些什么。正如你知道的，我有一间秘密的小房间，里面放着一箱子重要的纸张。一些未经授权的人擅自印刷，例如哥廷根的一位仁兄，他到处宣扬已经出版了有关我的作为或事迹的第一部分。你的兄长，屈佩尔少校撰写了第二部分，而第三部分则是我自己抽零星时间完成的，目的就是为了让全世界，这个人间最大的观众能够欢笑一阵。真的，在这部分内容中，你可以详尽地知道我的业绩和作为。这些纸张中还包含着我的生平之中其他的故事，包含着我的各种命运。你如果愿意对世界有所贡献的话，那么可以在我去世以后即刻动手，从我的箱子里寻找出素材，将它写个透彻，然后交付印刷。你会非常容易地找到一家急巴巴的出版社，他们会支付你一笔十分可观的稿酬。"

"啊，我的亲爱的先生！"我回答说，"按照时下的风尚，我一定很难找得到出版商。"

"你能不能就算行个好，也写一部关于闵希豪森的故事？我可以给你提供大部分有用的资料，你可以效法鲁麦尔堡的教堂司事，他写出的稀奇古怪玩意儿简直轰动了整个世界。也许你还可以像尼古拉·克里姆一样，他描述地府世界，那样的书在一年内甚至可以再版十次。你还需要什么呢？除了灵活的手指用于书写以外恐怕什么也用不着忙。整个世界阅读你的书时一定像读圣人奇迹似的。

"你会得到足够的素材，我授予你全权处理，不仅以记录者的身份，也可以将你自己的故事添加进去，只要你所喜欢的，或者认为是必要的。当然，你还可以按照需要进行剪裁删节。我知道你的才干，相对于我刚才提到的两位作家，你是一定不会亚于他们，不会逊色的。"

对先生的慷慨大方我十分感激，不仅感谢他给了我这份殊荣，还感谢他对我的信任。我答应尽自己绵薄之力，全力以赴做好这件工作。

这时候，约翰正好走进房间，他给尊敬的先生端来一杯茶。先生当即从容不迫地指示他，把秘密房间里的大木箱立即扛来交给屈佩尔，此外还要带来一瓶墨水以及许多鹅毛笔。

门前立刻驾起了两匹快马，拖着雪橇飞奔而去。它们将把大木箱直接送入我的住房。

我那善良的妻子对那沉重的木箱非常吃惊，她没有想到里面藏着那么多书稿和记录。是啊，等到晚上我回到家中，对她讲起当作家的职责，而且是如此类型的作家时，她的惊讶程度谁能描述呢？而我在讲话时使用怎样的语调，显得如何地亢奋，那也是不难想象的。

我很快用木板搭成一间房间，里面搁了一张桌子，一把椅子，放着刚才运来的箱子，准备等闵希豪森先生逝去以后能集中精力，一方面仔细阅读并学习箱内的宝贵资料，另一方面也便于工作。

先生逝世以后，我把上班之余剩下的时间全部用来实现他的遗愿。

我以巨大的热情麻利地工作着。可是过了一段时间，我突然感到工作量已经明显超过了自己的精力。

如果我把写作过程中遇到的困难和障碍都写出来，这除了又要重新勾起我的一番辛酸回忆外，恐怕还得写上厚厚的一本书。那里面所涉及的教父的宴会、洗礼和婚礼的盛餐、那么多的情书，给皇帝、国王和伯爵提交的申请或辞呈……这一切都耗费了我大量精力，使得我多少天，多少星期内都难以集中心思。

的确，我可以宣誓没有说谎。在整个工作期间，我的头皮不止一次爆裂开来，有一回甚至连头颅都裂开了，碎片弹出很远，以至于妻子都看到那头颅里的根根脑筋。咳，这样的工作真是连希腊神话中的大力神，曾经完成十二项英雄事迹的赫格里斯也难胜任。我们的聪明医生施莫恩先生和外科医生贝恩努力地尝试着，他们不仅想把我的头颅重新拼凑圆满，而且还想把头皮缝补起来。这是一次无比疼痛的手术。我几乎为此耽搁了半年时间，后来才敢于认真地思考我的工作，因为我实在担心会再度复发，那可不是好玩的。

终于，经过三年的艰辛劳动，经历了许多的不眠之夜，耽误了不少其他的玩意儿，甚至包括宝贵的青春，我如愿以偿地收获了自己的劳动果实，履行了神圣的义务。我曾经当着闵希豪森先生的面，握着他的手，发誓立下的愿望实现了。

基本材料是他自己的，有些我作了补充。有的故事连我也看不懂，干脆删掉了。有关他的婚姻命运实在有趣，我为此作了许多加工。我自然不能用一个男人的干巴巴的语言叙述这些故事，而他却是常常向女性们大动肝火，乱发脾气的。我对漂亮的女人尤其疼爱，因为我有一位贤惠的妻子。

有关他的生平的最后时刻，有关他的预言，诸如关于他死亡的信息以及死后的异象等等，我估计除了我以外没有人能够讲得更清楚了，因为我是他的各种行为的目击者，亲耳聆听他的讲话，知道其中的全部隐情。那还会有假吗？

此外，我以大家所熟悉的教堂司事的身份，以坦率和正直的荣誉，不仅担保上述讲话的绝对可靠，而且还保证收入本卷书中的故事和情节肯定原味原汁，未经任何变动或篡改。它将万古留存。任何认识虔诚的男爵闵希豪森先生的人都会毫不犹豫地为他作证，说他是太阳底下最公正的人。就其善良的心来说，他肯定是举世无双的好人；他是一个乐于施舍的朋友，不知道资助了多少人；他非常好客，到他那里去的人几乎没有不是酒醉饭饱后才满意而去的；他有一股活泼的想象力，紧密地联系着心灵的欢欣；而欢乐真的成了他的知音和挚友，与他形影不离。几百年以来，世界上几乎没有人能像他具备如此优美的口才，能如此清晰地叙述事情的来龙去脉。他坦荡而热爱生活，这样的性格使他永远也不会沮丧。即使遇到最大的打击和困难，遇到命运对他的折磨，他的生活里仍然充满着愉快和阳光。

他以极大的愉快离开了世界，也许他在心底里明白，他已经不能造福于世界了。他愿意向大自然支付这一笔生活的关税，因为他知道：我们必须给别人让路，应该为一个更加美满的世界而付出。

闵希豪森男爵的现身说法

"先生，请您还是脚踏实地吧。否则，您会摔断脖子跌断腿！"封·阿少校在酒宴席间神情严肃地劝告。那是在中午饭以后，弟兄们、伙计们、朋友们仍然围坐一起，畅饮欢笑。有人语惊四座，说男爵曾经举枪从空中打下一只兔子。

"在空中？"皮先生接过话头，"先生这一回真是把我们大大地戏耍了。从空中？难道还有空中的兔子吗？"

"关于我讲过的兔子的事，"闵希豪森回答说，"那是众所周知的，因此我也用不着详细地描述。可是，说归说，笑归笑，谁要是真的想否认，说我没有从空中打下兔子，那么——"

"呶，呶，并非这种意思……"封·阿先生立即掩住了闵希豪森正在说话的口。一时间，大家都很关心，不知道兔子故事的下文究竟如何。

"我亲眼看到自己亲手所干的事，因此我能够坚持刚才的意见。如果没有人反对，我甚至可以立下重誓，而且问心无愧。"

"谢天谢地，千万别这样，"人群中跳出一位妇女，她问，"您究竟怎么啦？"

"哦，闵希豪森想必真的用枪从空中打下一只兔子。"

"不就是奇迹吗？"妇女回答说，"闵希豪森先生什么人间奇迹没有完成噢！"

"我的确完成过一些轰动世界的大事业。可是比较起来，这一回却是最最微不足道的。"

"那么请您讲来让大家开开眼界。"

"有一次，我去打山鸡。我带着猎犬绕过了一条又一条田埂，四面寻找，连山鸡的踪影也没有看到。我十分懊丧，却突然听到空中传来吱吱的叫声。我想，真是大千世界，无奇不有。莫非因为闵希豪森的原因，连兔子也能在空中翱翔了？想着，我抬起头来一看，果不其然，一只兔子真的扇动着一对强健的翅膀。"

他的朋友不知道故事的底细，悄悄地推了他一把，说："闵希豪森先生，您还是从空中飞下来吧！否则我可无法帮助您了。"

"我想，先生是否能够略等片刻。这一回我并不需要您的帮助，还是看那时候怎么办吧！我从肩上取下猎枪，随手扣动扳机。唷，我还没有感到子弹出膛，只见一只兔子滚动着从天上掉了下来。"

听众群里迸发出一阵掩饰不住的笑声。

"您感到好笑吗？原来是一只猛禽，也许是一头凶猛的雄鹰把兔子提拎着飞上高空。我一枪打到两只猎物，它们都成了我枪下祭物。"

"哎呀，你们瞧，你们瞧，谁能往这上面想啊？"伊克斯伯爵恍然大悟。

"好极了！"妇女张开的口中不由自主地溜出一声称赞。她热烈地鼓掌，然后说："如果有谁不愿意相信这则故事，那么他现在还可以再问详情。"

猎人的运气常常出于纯粹的偶然。所以我要给每个从事这行当的男子介绍一条金不换的规律和经验：出门时千万别忘了携带家伙，就是说别忘了带猎枪或者来复枪，可是别带烟草和铅丸。有时候往往会遇到撞上门来的运气，它或者给我们带来烦恼，或者让我们创造新的奇迹。

一天早晨，我漫无目标地走进树林，准备打一点野味。说句实在话，我连自己也不明白为什么那个时候到树林里去，而且没有携带任何打猎的家伙。要是我带一杆火枪，或者带一把猎刀，那我就是个聪明人了。可是这一回连棍棒也没有，身边只有一杆小烟斗。烟斗毕竟不是猎枪，既不能射击，又不能拼刺。

我一路观察，一路寻找，不知不觉已经走进森林腹地，进入密林之中。不知道我怎么会到了那地方，我看到两头雄鹿正在互相抵角。原来是两匹大雄鹿在激烈拼斗。我悄悄地躲在一棵树后，仔细地观看战局。突然，我冷不防地抓住一匹雄鹿，将它摔倒在地，然后迅速骑坐在它的身上。正在另一头鹿发愣的时候，我顺手抓住它的角，紧紧地握在手中，结果这一头鹿和那一头鹿都无法脱身。

两头雄鹿拼尽全力，想要挣脱我的控制，可是它们的挣扎是徒劳的。自然，我也是好不容易才将它们制服，它们真是竭尽全力跟我搏斗的。我让它们在激烈的拼斗中消耗气力，等到它们筋疲力尽时才取得最后的胜利。

现在，我站起身，骑坐在一匹漂亮的雄鹿背上，双腿夹紧，手上牵着另一头鹿，稳稳当当地来到厨房。看到我的人无不十分惊讶。

我的衣服自然吃足了苦头，还有一双手，沾满了血渍。人啊，为了显示勇气和力量，他还有什么不会干呢？大家花费了整整一天时间准备一餐丰盛的宴会，邀请了许多人，大家为祝福勇敢的猎人共同干杯。这种打猎的技艺的确世所罕见。

要是我能带上一切家伙，他们就难得这番口福了。不过我还是决定，以后只要外出就一定带上猎枪。

我下面要讲的故事更加奇特。

有一回，我跟许多好朋友又来到这片树林。那是严寒的冬天，北风凛冽，树上到处挂着冰条。我还没有顾得上注意这些，倒是打猎的朋友提醒了我。真的，我在年轻时就有火爆的性格，浑身上下暖烘烘的。封·阿先生对我说过："您瞧，闵希豪森先生，您走到那里，面前的浓霜顿时融化了，可是在您身后又结成了薄冰。"

我抬头一看，可不是嘛，只要我的体温所能辐射到的地方，大概有五十步距离的宽度，那里的树木不仅冰雪消融，而且开始呈现发芽的绿色。我们一路往前，路旁的冰冻顿时化成流水，而在身后又变成厚厚的浓霜。

等到我上了年岁以后，这团火焰也开始慢慢消退了。我在五十岁的那一年曾经对自己观察了一百回，那时候几乎连一点儿火焰踪影也没有了。

这里我又不由自主地想到了几次冒险旅行。我热衷于旅行，恐怕世界上没有任何人比我在旅途上遇到的危险多。

人们经常说到，在彼得堡和里加之间有几处地方不太正常。许多可靠的人告诉我，他们在这段路上迷茫了几个月时间。步行旅游的人向我发誓，说他们常常在那里走得大汗淋漓，结果却一步也没有离开原地。自然界有许多事情，那里面的秘密我们是无法破译的。这段路上的奇闻就属于这等范围。至少我是不知道该怎么解释。我跟许多自然科学家谈起过这类话题，可是他们也不能给我一个满意的回答。

有一次，我碰上了一件至关重要的事，我的车夫不得已，只好驾车送我前往里加。说来凑巧，我那时正好在彼得堡。一路上我们花去了好几个月时间。我们扬鞭催马，骏马健步如飞，马背上汗珠滚滚，冒着阵阵热气。第一天，我们起大早出发，一直奔跑到深夜，可是离彼得堡实际只走了两个小时的路程。没奈何，我们只好在一个小村庄里借宿住夜。所好在这段路上是不会迷路的，因为还有谁不认识从彼得堡到里加的平坦大道呢？第二天我们又勒紧马缰绳，让马儿奔跑起来。一会儿，我们来到一座美丽的城市。我敢肯定，在整个旅途上这是最特殊的城市。显然，这里充满着神奇和魔幻。我从车内伸出头来，问我的仆人约翰，我们已经到什么地方了？他回答说不知道，他还说已经问了好几回，可是这里的人听不懂他的讲话。等到我们停下车，我问第一个赶到车前凑热闹的好奇者这儿是什么地方，突然我眼前一亮，瞧，我们正在——土耳其的君士坦丁堡。

咳，我真没有必要问他，因为我在问他的时候已经从城市的塔楼，从塔楼上方闪烁光芒的月牙形装饰以及居民的服饰上知道这是什么地方了。

我们一路往前。瞧吧，大苏丹乘坐华丽的马车迎面驶来，周围簇拥着一队随从，陪伴着大苏丹。他让马车停下，伸出头看了一下，说："凭着真主，我们伟大的先知保佑，这不是闻名于世的闵希豪森吗？您从哪儿来？什么风将您送来这里？"

"尊敬的陛下，请接受我的敬意！"我连忙起身作答，"我从彼得堡来，准备前往里加。我怎么来到这里的，连自己也不明白。"

"您正朝着我的宫殿驶去。再过半个小时，我就可以荣幸地在宫殿里迎候您了。"说毕，他又让马车向前去了。

我们继续赶路，可就是找不到宫殿。我们看到前面有一家大酒店，便停下马车。车夫跳下辕杆扶我一把，让我下车。我们径直走了进去，店老板引着我们进了一间美丽的厅堂。厅堂里摆着一张大桌子，桌子上放着诱人的早餐。

"哈！"我心内一喜，想道，"这回可以让我们一饱口福了。"可是正当我端起杯子准备送入口中品尝美酒时，正当我的仆人约翰伸手去拿白兰地，准备抓一块大大的火腿肉时，眼前的城市、酒店、杯子，一句话，所有的一切都突然消失了。我们原来都在大道上，我在车子内，车夫端坐在驭手位，我们正奔驰在里加到彼得堡的大道上。

路上有许多马车，它们都很礼貌地让路，而我们对整个地区也很熟悉。我们从塔楼和附近的拉多加湖上认出了彼得堡。可是，只要车子一转动，我们就会又到了另一座城市。

例如我们也到过罗马。一转眼我们就来到教皇居住的梵蒂冈。其实，我们从城徽，从大型的圆顶建筑物，从方尖式的石碑上，从许多别墅和古老的塔楼上早就认出了这儿是世界圣城。每当我们正想停车下来时，突然眼前的一切又全部消失了。我们在这样的迷茫中几乎看到了世界上所有的大城市。等到夜晚来临，我们发现可怜的马儿几乎连腿都要跑断了，而实际我们只走了大约一个小时的路程。幸好我们带足了干粮，而路上的障眼魔法也只是发生在白天，所以在晚上又可以重新补充干粮。否则，遇到大自然对人类这样的愚弄和折磨，不仅是我们，包括套车的马肯定都会遭殃。我跟车夫陷身在这个魔法中，而且，只要我们没有到达里加，只要我们没有经历足够的冒险，估计还难以解脱厄运。这场玩笑的确使我们的任何想象都望尘莫及。约翰对此更是耿耿于怀。您想，他在君士坦丁堡已经端起了酒杯，杯内满斟美酒，而他正要低头喝时，那一切又突然消失了。真让人愤恨而扫兴。

还在这次旅行之前，我曾跟彼得堡的宫廷酒窖管理员玩了个赌赛，对此他一定没有忘记。我和皇后打赌，赌注十万卢布。那个酒窖管理员酒量惊人，远近闻名。当然，他那里的美酒也清澈如泉，让人赞不绝口。据说，很少有人在喝酒上能够超过他。皇后知道内情，她在与别人打赌时已经赢了不少钱，更何况管理员牛高马大，多年喝酒练就了一副大肚皮，简直像海德堡的大酒桶。他的肚皮使他步履艰难，只好躺在一辆舒适的板车上，让许多仆人轮流拉他。

当他看到我去见他并要和他比赛喝酒时，他得意地笑了起来。"今天我喝过了，"他说，"如果你们愿意正儿八经地比赛一回，那就放在明天下午。我们会见个高低的。"

既然我敢于斗胆放肆，扬言喝酒胜过酒窖管理员，而且还画押打赌十万卢布，那么我也就获得了皇后特别恩准，在这里，不论何种酒，都可以拿来，尽兴而喝。而且我还有充分的权利，把周围环境按我的舒服要求重新布置安排。为此，我还得到皇后的一纸手令，足见其慎重。

"好吧，一言为定。"他一口答应，"明天我先开始。"

"我不敢跟俄皇陛下殿前的酒窖管理员争先后，可是我会赢了这场比赛。"

"那就让我们见个高低吧！"他以一种少有的骄矜回答我，显得他胸有成竹，知道自己的显赫和本领。

第二天下午我便去对阵了。当然，我相信自己能够稳操胜券。

走进酒窖，我看到他舒舒服服地横躺在沙发上，许多人在一旁帮忙，不时给他递上一大罐美酒。自然，我也当仁不让，每样都要品尝一下。我慢慢地品味，不敢放肆，那是为了给第二天积聚力量。趁他喝酒的时候，我给他讲故事助兴。我把自己一生水陆冒险的经历原原本本地给他抖落个干净。他听得迷迷糊糊，喝得醉醺醺。到了晚上九点，前后大概喝了五百公升①以后，他再也不能动弹，竟然睡着了。后来，他慢慢地醒了过来，口渴难忍，急着要喝茶水，在旁帮忙的人端茶送水奔跑如飞，川流不息。

第二天，轮到我尝试自己的运道了，那是预先定下的章程。等到宫廷酒窖管理员看到我指挥布置比赛场地时，他大吃了一惊。

我挑选了最大桶的名贵美酒——他虽不情愿，可是必须遵守皇后的手谕——让人将酒桶放在一个理想的位置，使我可以悠然自得、无比舒服地坐在桶塞面前。另外，我

①1公升=0.001立方米。

168

又请人在酒桶的某一部位安装一根导管，直接引伸出来，装上龙头。宫廷木匠手艺高超，他们如法制作，深得我的赞许。

下午，我如期来到赛场。我坐在理想位置上，拧开大酒桶的龙头，下面放着一只漏斗，与我嘴巴相连。美酒源源不断，我独自喝得津津有味。酒窖管理员在一旁惊讶得目瞪口呆，他连连耸肩。其他在场准备送酒和服务的人也空闲着两只手，不知如何是好。在酒窖助兴的还有许多观众，闻讯前来的人更是络绎不绝。大家都对这样自在的喝酒做法表示称赞。等到下午四点钟时，皇后也被沸沸扬扬的消息吸引过来。她不断地鼓掌，连连称奇，并且说：

"了不起，闵希豪森，您赢了！"

我拧上龙头，周身上下没有任何变化，完全跟平常一样。大酒桶已经空了大半，如果让我喝到九点十分，我也许能够喝光这几大桶，而且不会有丝毫醉意。

我伸出手，牵着皇后朝舞池走去。她为了庆祝我的胜利，特地举办了一场舞会。舞会结束以后我如愿以偿地领到十万卢布，赢得了赌赛。

我似乎跟你们讲过，在跟土耳其人打仗时我的一匹马曾被敌方的城门拦腰切断。我在当时并不知道，因此还骑着半匹马来到井旁饮水。这也是我的一回冒险经历。当然，仅有一次经历还说明不了任何问题。

我可以再举一个惊人例子。在一次激烈的鏖战中，萨拉逊人手起一刀，把我的脑袋从躯干上齐肩砍下。多少将军不管战斗如何激烈，胜负如何难于料定，他们都能指挥若定，不会丧失头脑，而我却被齐肩砍下头来。不过我的部队跟我一样，并不介意此等事情。我及时地伸出手去，把头一把接住。这下可就够你们瞧的了。我把头托在手上，它似乎跟连在我身体上一样，还在大声地呼喊，勇敢地发出战斗命令："前进！冲锋！射击！好样的！"

战斗一直进行到傍晚，土耳其人被打得一败涂地。那样的失败是任何人都难以想象的，五万名士兵成了刀下屈鬼。尸横遍野，血流成河，直到深夜清扫战场时，我们才把刀剑入鞘。

可是我的头怎么办？

一名特别内行的法国军医将它重新缝合起来。为了维护我的威严，他用一根铁皮管将我的喉咙焊接套住，就像加了一层夹板似的。铁皮管可以收缩或舒张，等到后来血管跟血管自寻到合适的位置时，伤口很快就痊愈了。过不几天我的头颅就能运转自如。我吃饭、喝水、讲话，一如以往，几乎跟从前没有两样。不过，头颅上的一圈疤痕仍然非常醒目。

从今以后，只要我还在世界上活着，可就再也不愿意让人将头砍下来了。

也是在这场战争中，我们趁机玩弄了一场大阴谋。打仗时玩弄阴谋也许是容许的，人们借此实现自己的目的——不知此等意见是否得当。

那是离贝尔格莱德不远的地方。有一天，敌人对我们发起突然攻击，密集的霰弹在我们头顶上空成团地爆炸。我大声地发出战斗命令："立即出发，宁死不屈！"经过几次霰弹的密集爆炸，我们的队形大乱，所有的人都卧倒在地，手腿伸直。我的士兵都是聪明绝顶的人，当土耳其人逼近时，躺在地上的士兵都不动弹。地上一片血迹，缺胳膊丢腿的伤员到处都是，还有不少僵硬的尸体。土耳其人不相信我们会遭到如此沉重的打击和失败，他们不时地伸出手去，东摸摸，西摸摸，不知道想要干什么。有时候，他们又用脚踢踢——面前的一切都如坟墓一样，沉浸在死亡之中。土耳其人于是离开了战场。

我们看到土耳其人走远，又都一一站了起来，整队回去。我们的实际损失还不到千分之十。在如此凌厉的强敌面前，我们真是很难有偷生希望的。

这就是闵希豪森的复活。总的说，人们应该学会如何摆脱困境。

也是一次跟土耳其人的战斗，那次敌强我弱，根本无法与他们对阵。如果我们恋战，纠缠时间过长，那么我们将会遭受灭顶之灾，说不定会全军覆没。我早就看出危险的结果。我不愿意讲撤退的话，撤退是报纸上常常使用的语言，指秩序井然地往后移动，可是结果却是非常可怜的。因此，撤退很少给勇敢的人带来荣誉。理想的结局最好是果断的指挥，激烈地拼杀，从而摘取胜利的桂冠。可是，如果看到面前真是一座刀山，那就要看人们如何灵活处置了。这时候智慧胜过黄金。要是命运不向我们伸出援助之手，那么糟糕的结局将无法想象。

这回的战斗就是例子。我眼看局势不妙，迅速指挥往后撤退。土耳其人尾随而来，我们进了一片森林，这时候他们不敢追击了。他们停止行动，准备绕过森林，再寻找机会与我们战斗。我们在森林里高兴地看到一棵蛀空的大栎树，它可以掩护我们。我发出命令，让一部分人迅速钻进树去。没有想到空树竟然能够容纳我们的全部人马，真使我吃惊不小！

原来是这么回事：大队人马涌入空树以后，树下的泥土承受不起太多的重量，结果陷落下去，使我们都进入一个大地洞。这是十分安全的地方。土耳其人找不到我们，高兴地撤了回去，一路上敲锣打鼓，欢呼雀跃，声震云霄。我们在地底下也听得清清楚楚。

等到听不到他们的声音，我们悄悄地爬出洞外，改道退了回去。

在刚才讲到的那场战争里，我曾经只身一人潜入敌方阵地侦察，结果陷入极其狼狈的境地。要是换了别人，也许连命都没有了，我却把敌人捉弄了一番。

我找来一套女人的衣服穿上，脖子上挂了一篮饼干，来到敌人的营地。我一边卖货，一边仔细地观察：哪里是阵地，共有几门炮，口径是多少，掩体在那里，总之，我把这一切都看得清清楚楚。

当我经过最后一道岗哨，准备往回走时，不料遇到一位土耳其的无赖，他要调戏我。我表示不愿意，并以街头妓女的声调对他说："您以为我是这样的人吗？"可是无济于事。他欲火中烧，我怎么反抗也浇灭不掉他的热情。最后他终于弄清我是男子，便把我带进营房。

现在我必须通过其他的办法才能逃出虎口。我承认了自己的身份，说我是著称于世的闵希豪森。他们从来没有听过这个名字，准备直截了当地把我送上绞刑架。

怎么办呢？我只好听天由命，心想："你们尽管吊吧！我该怎么办，我会知道的。"

营房里响起集合的号声，绞刑架也竖了起来。我忍着性子，任他们把我吊上去，不过脸都憋歪了。我张开嘴深深地吸了几口气，悄悄地吊挂在那里，一直等到深夜。我看到周围都已入睡，没有人再来关心我了，便给自己松了绳扣，顺手取了一把扫帚代替我吊在那里。我自己则神不知鬼不觉地逃出了敌人营地，又回到了我的部队。

土耳其人对着扫帚百思不得其解，因为这类事只有山精或者妖怪才能做得出来。当然我不愿意向任何人建议也去尝试一下上吊的滋味。我因为在颈项上有一根铁管，这才帮了大忙，而这样的器具却不是任何人都能具备的。

我曾经统率过一支军队与亚马松人打仗。对方全是女人！我知道在德国，不，甚至说在全欧洲都找不到一支军队能够与如此强大、如此勇敢的女人相抗衡。骑士戴埃翁和法国民族女英雄奥尔良都怯于跟她们对阵。她们身材高大，坚韧刚强犹如粗鲁的男子汉。她们当中个子最小的人也有八英尺开外。据说她们的丈夫却都是一些胆小鬼，就像童话故事中的小侏儒，家务由他们操持。许多游记上讲亚马松女人不能容忍与男人一同生活，我这里必须公开辟谣，因为我看到过她们的男人，而且听到过他们讲话。再说，没有男人，她们的种族和部落如何得以繁殖、成长呢?

这批女人手持铁弓。她们把自己的右乳房连皮带肉全用火烫掉，以便拉弓时能够用力顶住，避免软绵绵地回旋余地太大。她们射出去的箭是带毒的，而且射术很好，几乎百发百中。

刚与她们交战的时候我们真感到很棘手。不过我们有良好的武器，加上我们运用灵活的策略，所以一直挺进到他们的首都。经过两周围困，我们终于攻占了城市，取得了胜利。

一个城市在战争中被攻占了，而且是经过激烈的鏖战，那么该怎么处置它，那是无需教科书的。我们中间有一位将军本来就很野蛮，他不仅允许士兵们奸淫烧杀，大肆抢劫，而且还指派任务，让他们剪下那里女人的头发，以作为永恒的纪功，这些女人的头发本来就很长，等到士兵们回来，我们都惊呆了，这样的场合谁也没有见过:成袋成袋的头发堆在那里。我的伙伴跟我一起分发，哎呀，不仅沙发，就连老祖父坐的椅子垫都塞满了女人的头发。

我在年轻的时候曾经胸怀大志，想亲眼看看世界，亲自领略一下游记中介绍的稀奇古怪的珍闻趣事。此外，我还想尝试一下各种各样的官司程序，不管它们有多么残酷和痛苦。这样的愿望驱使着我在离开亚马松地区以后又顺道来到北美休伦人的故乡做短期旅游。我在那里还没有待到两个星期，当地休伦人就决定给我崇高的荣誉，让我当他们的卡兹克，即王爷的意思。不过，在这个国度里没有治理老百姓的法典，无需理智和聪明。人们也不要求我显示对老百姓爱心和让他们生活幸福的热情。这一切都没有！只要能忍受某些身体上的折磨，没有抱怨，脸部表情不要有丝毫的变动，即使疼痛难熬也不发出一声呼号，谁要是能够经得起这样的考验，他就是王爷，就能一步登天，享不尽荣华富贵。尽管有如此残酷和痛苦的折磨，世界上还没有一个国家能像这里拥有如此庞大的王爷队伍。

我怎么办呢？这样的美意是不能推却的，否则会让整个民族感到屈辱。于是，我决定接受这番盛情。"没准什么时候能派上用途呢？"我想。因此决定当卡兹克。人们给我选定了一天，让我经历第一场考验。

给我提出的第一个要求是，让我禁食两个星期。原因很简单，我是外国人。如果是当地人，那就必须禁食二十天。禁食期间，常有一些民族代表来到我的面前。他们在早、中、晚都大吃大喝，而我只能从一旁观看。这是艰难的考验，可是我终于顺利地熬了过来。

第二场考验是这样的：我在结束禁食以后必须马上吞食一大堆虱子、跳蚤、蜘蛛、苍蝇和另外一些吸血昆虫。那里气候适宜，这类东西长得都很大。这个项目我也完成了。

现在，全国被封为卡兹克的人全都来了，足足有好几百人。这就叫以牙还牙，人们以前怎么对付我的，我怎么对付你。那样的一顿痛打实在让人不堪回首。板子不仅打进血里，不，它一直打进骨头深处。我忍住了剧烈的疼痛，没有发出一声呻吟，没有一声叹息，嘴角边上没有一点抽搐，连眉头都没皱。

刚刚过了几天，伤口还没有痊愈，人们又把我赤条条地裹在一领草席里，吊挂在空中，然后将一万二千只大型毒蚂蚁吹在我的身上。因为我是外国人，必须忍受双倍的折磨。这类贪婪的家伙恶狠狠地叮咬在我的皮肤上，吮吸着，几乎连脑袋都要吃歪了。

这一切也都过去了。

举国上下无不佩服我超人的忍受能力。因为我经历了这么多的考验，所以没有人怀疑我会取得最后的胜利。那是最后一场折磨来临了。

人们用空心藤条搭成高达两米的架子，架子外裹了许多树皮、树叶，然后有人把我抬离地面，装在许多层叶子的中间，只留下一根管子插在我的嘴里让我透气。等到一切摆布完毕，人们就在架子下生起一堆火。火苗蹿得不高，至少烧不到架子，可是浓烟滚滚，热气腾腾，几乎要了我的老命。我必须在这样的烟火中忍受两个小时的熏炙。

两个小时过去了，人群中爆发出一阵欢呼声。人们把架子拆掉，给我穿上一套特制的衣服，让我接受全体人民的颂扬。他们按照我现在的地位为我祝福，称赞我幸运地度过了艰难的考验。仆人们抬来一乘黄金大轿，当地人称之为帕朗金，他们兴高采烈地把我抬进了首都。那里不仅给我备了一座宫殿，还摆满了吃喝玩乐的各类物品。真是人间天堂，应有尽有。

我终于通过了卡兹克的考验，可是我却不愿建议任何人再作这样的尝试。有的人为了这场玩笑付出了自己的生命，因为经过两小时猛烈的烟浴以后，人们并不问问愿意当卡兹克的人到底是活着还是已经被活活熏死。

终于，我又能在海洋里航行，遇到了一系列奇妙的情景。这一回我没有天天写日记，所以忘掉了不少内容。不过我还记得骑坐海豹的故事。那头海豹一直尾随着我们的大船，船上人不时扔下一些面包和食物，引诱它。在很长一段时间里它几乎没有离开大船半步。看到这个情形，我感到很奇怪，心想：它是否容易对付呢？

几天来，我一直轻轻地抚摸着它。瞧吧，它任我为它套上笼头，还让我骑坐在身上，一点也不违抗我的意愿。它驮着我游了许多海里，有时候，我对它玩笑开得过分，使它感觉到训练的折磨，它就会带着我往水下潜去。

这时我就必须用双腿夹住海豹，想方设法用食物和爱抚安慰它，让它恢复理智。这样的旅游给我们带来多少益处，我现在愿意叙述一番。

有一次，一艘小型海盗帆船靠近我们的大船，他们想强行登靠。另有一些不能靠近我们的海盗朝着我们的大船射出一阵阵排枪、排炮，其中大部分危险的枪炮弹药都被我双手接住。我决定给海盗们开一个大玩笑，让他们出一回洋相。而且让他们吃足哑巴亏。

刚才我接了一大堆铁炮弹，我把铁弹搁在烤架上烧得通红，然后将它们装在一只合适的大箱子里。我重新骑上了海豹，在水下潜游。我用大手钻在海盗船的火药仓底下钻了一个大洞，将通红的铁弹一股脑儿塞进去。说时迟，那时快，海盗船轰的一声飞上了天，而我又如飞箭一般回到自己船上。

"妙啊！"我们的船上响起一片热烈的欢呼声。船长当众表扬我，他说如果不是我的努力，船上的一切都会成为海盗的猎物。为此，他在晚上举行盛宴，为我的勇敢和幸福干杯。

为表彰纪念海豹的忠诚——它直到我们弃船登陆的时候也不愿离开我，我只得剥下它的皮制成标本，当作古董收藏在我的艺术品陈列室里。直到今天，你如果参观我的陈列室还能看到这只忠诚的海豹。

我从小时候一直到六十岁始终具有超人的力量，不过也经历了很多失败的考验。例如在君士坦丁堡扔大炮，本来应该扔过海峡，结果没有达到目的，大炮掉进海里去了。对此大苏丹很不高兴。

大苏丹对我的表现很感兴趣。他对我的成就一点也不怀疑，因为我本人就是一种力量的标志。按理说他是不会忘掉的，可是他毕竟还是忘掉了。这个地球上的大人物就是这副模样！几天以后他就给了我机会，让我表演了一回杰出的技艺。

承蒙大苏丹恩典，他把我带进武器库。库房总管自然应该把可以参观的内容向我全部展示。很多东西只有当着大苏丹的面才能让我看，可是那些东西上落满了灰尘和垃圾。皇帝勃然大怒，他不仅狠狠地骂了起来，而且还给总管送上一耳光，打得他眼睛里火花直冒，竟至于点着了旁边敞开的火药桶，炸毁了武器库的一个角落，炸得我们也腾了空。可我临危不惧，在空中一把抓住苏丹，抱着他的身体，轻轻降落。上帝赐福！我们没有掉在废墟堆里，因此没有一点儿损伤，安然无恙。听到我们这番经历的人无不惊讶得目瞪口呆。最可怜的是那位总管，他当时坐在火药桶上，火药桶爆炸把他炸得不知去向，后来反复寻找，一点踪影也没有。

大苏丹哀叹损失了最心爱的一门大炮，本来它用链条锁着，挂在武器库的拱顶下面。他曾把这门大炮当作特别的宝贝指给我看。现在大炮不见了，他派人到处寻找。

有人高兴地给他送来了消息，说大炮飞到海峡对面去了。苏丹知道我的力气大，请我把大炮扔回来。我不知道为什么这回很背时，事情的结果让我十分沮丧。

不过这些都还算不了什么。下面要讲到的考验远远地超过了我的以往经历。

在我五十九岁那一年我还可以轻而易举地用每个手指

举起一杆枪，这就表示两只手同时举十支枪。有时在枪上还可以加一两管猎枪。

说起来你不会相信。有两个吹喇叭的人，我用两只手抓住他们，一手抓一个，不费吹灰之力将他们伸出窗口，半个小时内用不着休息。看到这种表演的人，没有人不吐舌头，称赞我的力气大。

有一回我骑马外出，小做旅游。我的马丢掉了一块马蹄铁。我还有一段路要走，不能马上回去。于是，我骑着马来到铁匠铺前，请他帮助打马掌，我故意对铁匠说，要他给我打一只坚实的马蹄铁。他挥汗如雨，打了一只重型马蹄铁交给我，问我是否满意。可是，等他看到我接过马蹄铁，将它像一根芦管似的掰得粉碎时，他也惊呆了。他又打了一副，我又像刚才那样将它折断。没奈何，他又打了第三副。这回我没有为难他，而是命令迅速给马蹄钉上。

等这一切完毕以后，我问他要多少报酬？铁匠回答说："一块古尔登银币。"他接过银币，又扔回一句话来："阁下，这块银币不顶事。"说毕，他把银币掰断了。那是以牙还牙的意思。"你真行啊！"我掂量了一下形势，说，"我看到了，你是一位大力士。这里还有一块古登尔银币，两块一起给你吧！不过你却应该增长一点见识，知道还有超过你的。"我顺手拿起一根铁条，在他颈项上盘绕三圈，然后请他自己解开。他显得无能为力。我解开了他的项圈，又赶路去了。走出很长的距离，还听到后面传来啧啧的赞叹声。

五月，阳光明媚春意盎然。我的家里高朋满座，成了一个欢乐的团体。大家希望到园地里去用餐，那里栽种着漂亮的菩提树。

厨房间的餐桌已经铺好台布，可供十人就座。汤盛在大盆内，端端正正地放在桌子中央。

仆人们听说要在园地用餐，大家都在准备搬动桌椅板凳。我却不愿意这样做。首先，它会耽搁我们很长时间，影响吃饭；其次，等到搬好，汤也彻底冷了。

怎么办呢？我看着桌子，伸出双手，抓住桌子的两条腿，让人把各道转门打开，然后平伸着手臂，连餐桌带菜一下子轻轻地端到园地里，稳稳地放下。桌子上的菜盘没有任何碰撞，连汤也没有摇晃一下。朋友中间即使有大力士，他们也只得承认，如我这等有力气的人，不管是在以色列还是在全世界的基督徒中都难找到第二个。

我有一匹最好的坐骑，后来因为年老体弱，不能继续为我服务了，我让它退役享清福。现在我又想使用它，而且用一种独特的方式表彰它的功劳。一匹忠诚的马和一条忠诚的狗是人们最不愿意抛弃的动物。更何况战争时期更要依赖一匹勇敢的战马！

我请人剥下马皮，送给一位能工巧匠加工处理，在马皮内涂上松脂。等到我想外出旅游时，便取出马皮，向皮内灌进易燃的空气，然后骑上气马离开地面。在世界上，恐怕没有比骑空气马旅行更舒服的事了。没有任何碰掩，速度又快。最让人高兴的还在于空气马非常容易驾驭，比在地面上方便多了。它完全习惯于主人的操纵，对主人的愿望心领神会。如果我想降落，那就用双腿夹马肚，让里面燃烧的轻空气从马的后门里慢慢地排放出去。有时候，当我准备在客栈或朋友处休息落脚，稍住几天时，我就把马肚里的空气放尽，折叠起来，干净利落地藏在旅行包内。这是一头真正的神奇动物！

我喜欢开玩笑，飞行中常带一只猎号。有时候，人们听到号角声声，却看不到有人，那是因为我纵马高空，几乎接近九霄云端。地面上的人都惊讶地以为世界上又诞生了一位新的上帝。

他们看着我跨上马背腾空而起，急速地飞上天去，无论如何也理解不了这种神奇节日。

我曾经多次帮助那些可怜的罪人，使他们迷途知返。我是这样做的——手上拿着一只活筒，在空中对他们大声呼喊："罪人们，快改悔吧！"他们听到来自天空的声音，不少人便改弦易辙，改正了自己的不轨行为。

现在，空中的飞鸟在我的面前失去了安全感，不管它们飞得多高多远，我都能把它们一一打落下来，其中老鹰、野鸭、松鸡等等，一应俱全。而且我敢说，空中打猎实在是莫大的享受。

迄今为止，人们多次听说过凤凰鸟的故事。可是有幸能亲眼一见的人恐怕就少了，更不用说拿起猎枪打下一只来。事实上，天底下也确实只有一只凤凰。

我的花园环境优美，花草树木争艳，是鸟儿的天然胜地。天下唯一的那只凤凰也选中了它，准备在这里举办一次庆祝会，这类活动每三百年才举行一次。

　　那是一个美丽的夏天早晨，我在花园里散步休息。突然，我看到一场魔术般的表演，它使我诚惶诚恐，内心十分紧张、害怕。那是一只年老的凤凰，美丽无比，无论就其外形，还是羽毛的颜色和光泽，都是无法用纸笔描述的。它正在芦苇堆中准备焚烧自尽。芦苇已经点着了，火光熊熊。我看到老凤凰投入火中，然后在灰烬中脱颖而出，变成一只年轻的新凤凰。我立刻端起猎枪，为了稳妥起见，特地在枪内压上一颗银弹，然后扣发扳机小凤凰应声落地，倒在我的脚下咽气了。

　　从此以后世界上再也没有凤凰了。除了在我收藏飞鸟的标本室以外，其他地方就见不到它了。孔雀的长颈和丽翎，金蜂鸟的羽毛光泽，这都使人想起凤凰，可是真的与它比较起来，所有的鸟儿都相形见绌。是啊，什么鸟敢跟凤凰比呢？

闵希豪森男爵的自白

我的祖父 　 家传秘宝

跟许多祖父喜欢他们的孙子一样，我那已故的祖父对我也有说不尽的疼爱。少年时期，我跟他比跟我父母亲的时间还长。他是商人，拥有丰富的知识。他早就成就了自己的伟大天才，而且致力于服务国家，为此贡献了毕生精力。他的头上已经戴满了各种荣誉的桂冠。后来，他退休在家，靠着养老金生活，过得很悠闲，有时还能抽出空余时间，对我进行观察，以便及早发现我将来可能成为怎样的人物。

尽管我那时还只有十二岁，可是他已经看出我是一个了不起的天才，而且也喜欢悠闲的生活，正如天下大部分天才人物一样——或者看起来像是这样。他们只顾种植自己田地里的花卉，都不会关心它们是否会变成荆棘或刺果。这种悠闲的心情同时也是执着的理想，如同刚愎自用和荣誉心理一样。祖父不仅认识生活中的时代风貌，而且以哲学家洞察力敏锐地看出未来的时代精神。正如在我身上，他已约略看出了我在将来世界上可能扮演的角色。

倘若我早有福分享受他的看管和教育，听他的课，与他交往，接受他的熏陶，那么我一定会发生更大的变化，而现在，他清楚地知道，我是父亲的独苗、爱子。自然，我也是母亲的骄傲。

我的祖父在七十七岁时去世了。他死于年老体弱——这是一种目前流行世界的病。在他咽气前几个小时，我来到他的病床前。那时我只有十七岁，只听他断断续续地告诉我；"祖宗的亡灵在我眼前转悠。我马上就要归向大自然了。列祖列宗都是这样的，我也必须如此。听着，孩子！我早在悬挂的前程明镜里看到了你的整个生活历程。如同你这个社会等级中的大部分成员一样，你没有兴趣从事严肃的交易或进行学习。我愿意关心你在未来世界中的发展。你在这里可以得到一只小箱子，它经过我们许多代祖宗才传到我手上，里面秘藏着稀世之宝，价值连城。前代的祖宗们都没有开启并使用过这只小宝箱，因为他们都通过各自的努力获得了前程。这里是钥匙。记往，我也没有开过箱子。你在没有进入男子汉生涯之前千万别开启它。你要想方设法将它藏起来，别显山露水，也别让人偷盗其中的珍宝。急难之中你会得到帮助的。"

我流着眼泪，吻着他的手和唇。他以祖父的名义为我祝福，然后安静地离去，脸上露出欢乐慈祥的神色。那一副福相，世所仅见。

我接过箱子，退了出来。虽然我在心底里为失去祖父而悲哀，但思想上却充满着难以描述的欢乐。我以开朗的神情注视着这一甜蜜的礼物。这里除了无价之宝的珍珠玛瑙以外还会有其他东西吗？我用手试着掂了掂箱子。它大约四尺长，一尺宽，分量也不重。箱子里一定不会藏着太多的金条、金块，也许全是钻石和琥珀。总之，各式各样的猜测牵动着我的灵魂。

多少天过去了。箱子被搁置在收藏室，埋在地底下，藏在屋子的拱顶下面，然而我的好奇心始终难以压抑。终于，我在一个十分寂寞的时刻把箱子打了，看到箱子里竟然藏着这样的一些物品：

1. 一把美丽的长剑，带有镀金的把手。

2. 一枚钻石宝戒，色泽鲜艳，可是却并不大。这是一枚常见的古戒指。它的真正的价值也许被埋在箱子里了。

3. 一根带子，上面挂着一样特殊的东西，我没有见过。不过看起来好像是没有价值的。

宝剑闪烁着寒光，我看得特别高兴。可是等我把一切都看够，让第一阵惊讶过去之后，我不禁怀疑地想起："难道这就是全部的圣物？你的祖父怎么会欺骗你呢？"我正在转悠着这些古怪念头的时候，突然看到箱子里还有一行文字，字体虽然相当古老，却没有到完全不能辨认的地步。我仔细地念道：

"世上的亲人！不论你是哪一位，只要你成为这一箱笼的主人，你就会幸福、富裕，就会受人尊重，直至永远。"

我的精神为之一振，又继续读下去：

　　"握着长剑，你会在任何战斗中无往而不胜。任何敌人都不能伤害你。

　　"戴上戒指你会具有无限魔力：只要把戒指套上手指，将宝石拧转，朝着手心，你就立刻无影无踪。

　　"另外还有一件吉祥物，你必须将它像衣带一样围在脖子上。那样你就会避免人生道路上的任何灾难，受到人们的尊重，具有无限的想象力，通过讲解各种类型的故事让人们永远记住你。"

　　我现在该怎么办？还没等到找出答案，我立即把吉祥物围在脖子上。这时，我感到通体清凉，感到从未有过的满足、快乐，一股暖流贯注全身，我抑制不住浮想联翩，无法描述此时此刻的思绪和心情。

　　我又戴上戒指，将钻石拧向手掌。哟，我已经消失不见了，连自己也看不见。我连忙把钻石朝掌外转过去，奇怪，我又立刻出现了——就在箱子边上。"嘿，好啊！"我想，"这回可够你变戏法的了。"可是戒指却从我的手指上掉了下去，摔成碎片。

　　这时候我才想起祖父的叮咛，想起我给他立下的誓言，应该等到我长大成人后才可以使用它。我让人将戒指重新拼合起来，可是它失却了魔术的效应。我是多么懊丧！

　　我担心其他宝贝也会失去魔力，连忙把箱子关上，锁起来，藏在一个绝对保险的地方。任何嗅觉灵敏的人也别想动它的脑筋。

大家都知道我是一个奇异的能人，经历许多险遇，周游世界，饮誉全球。可是原因呢？这回该不难解释了。

吉祥物的效果让我其乐无穷。我作为一个青年男子常常在社交场合中，尤其在女人堆里陷于极大的狼狈境地，特别当她们寂寞难熬又不知道该如何打发时光，一致要求我讲故事时，我就语塞和尴尬得坐立不安，犹如阳光下的黄油，浑身冒着汗珠。"现在，"我想，"管保你万无一失。"从此以后我判若两人。我常常急不可待，不等她们要求，便想讲一串故事，而且滔滔不绝，源源不断。我讲的故事紧张有趣，使听众聚精会神。他们有时张着口眼鼻子，深入我的故事情节，活像一个个中了魔的傻瓜蛋。

我多么高兴呵！过不多久，我就成了同时代人物中的奇迹和榜样。

咳，要是那枚戒指还在该多好啊！我真后悔。

握着长剑，我建立了巨大的功勋。有了它，我可以走遍天下，无往而不胜。

可惜这些宝贝后来也丢掉了。幸运的是，等到它们遗失的时候，我也几乎可以不需要它们了。当时尚未出人头地，还没有混出人样儿，还没有成为英国政治家。青年人皮特也希望称誉世界，他在某个夜晚盗走了我的吉祥物。那时我正在接受温泉疗法。第二天早上他就溜得无影无踪了。

我那美丽的长剑被俄国的将军阿·伍·苏沃洛夫借去

了。他在奔赴一场土耳其战争前专程前来拜见我。

现在，我落得两手空空，一无所有。

不过我感到心满意足，照样生活得非常愉快。从此以后，我尤其喜爱乡村的宁静和安乐，喜欢跟朋友们在一起享受无限美妙的自然风光。我永远也不会忘记，即使没有任何宝贝，田园生活仍然十分甜蜜。记得伟大的诗人路德维希·克里斯朵夫·亨利希·荷尔迪曾经赋诗高歌：

啊，上帝的大地美妙无比，
它值得让人们欢乐一生。
纵然我已成为泥土、灰烬，
也要为美丽的大地高兴万分。

我的婚恋始末

一个人单身只影，日子真难熬。这种思想驱使着我，虽然我青春已过，还是下决心娶一房妻室。

我在自己的故国看够了形形色色的姑娘：高的、矮的、漂亮的、丑陋的。有的姑娘年轻美貌，可是自己却并不知晓，也不愿意认为自己确实漂亮无比；而另外一些愚蠢的姑娘面貌丑得像黑夜，然而自我感觉却相当不错，还希望别人一致夸奖她。除了这些人外，我还见过许多富裕的和贫穷的姑娘，见过贵族姑娘和寻常家庭的闺女。她们之中有的人悄悄地追求我，有的人通过介绍向我表示爱情，希望占领我的爱情王国，可是竟然没有人能够成功地将我束缚在婚姻的金枷锁内。

金枷锁吗？是的，人们只用美丽的语言如此称呼它，我怎么会成为这条规律的例外呢？每一个人都知道它究竟是什么。人们可以趁着白天，打着希腊哲学家代俄哲尼斯的智慧灯笼前去寻找美满的姻缘，当然，能否找到很多，姑且不论。有的丈夫对自身的枷锁似乎十分满意，可是我们有足够理由怀疑并拷问他们的良心。同样的道理也适用许多女人。天底下有句著名的话：金无足赤。没有绝对完美的事!

人们对金色的婚姻也无须大惊小怪。

多么奇特啊!利服尼亚和它的首都也许为我做了精心的准备,培养了一名对象,让我把大部分婚姻的时日都消耗在这里。在故乡我也许能够找到更加合适的,然而我却要在遥远的异国他乡去寻觅——最后还竟然找上了。

如同我生活中桩桩件件的冒险经历一样,我的婚恋以及绵绵不断的婚姻生活里也充满着惊心动魄的故事。

正如朋友们所知道的,她是一位矮小、肥胖、圆鼓鼓、晃悠悠的尤物——这是她的主要魅力所在。此外,她又是一位倔强的,尤其在当了我的妻室以后实际上让人反感的女人。她的性格怪僻,几乎没有审时度势的能力,不分场合、时间、地点,给我带来的烦恼远远超过了欢乐。不过,她带来了许多钱财——她很少挥霍。可是话又得往回说,天底下难道只有钱才能让人幸福吗?绝大多数人是这一理论的信徒。大家都在争夺钱财。如果命运在分配钱财时于他不利,他就会怨天尤人。有的人为了钱忙碌一世,有的人清心寡欲,过一辈子苦行僧生活,目的就是积攒更多的臭铜钱。等到他们在钱山上砍柴,在钱海里游泳,生活在举目皆钱的世界里时,又有多少人能够知道究竟该如何使用这笔钱!这种人往往放弃了首要的生活要求。

尽管我不想说教,我鄙视这等做法,可时我还得承认犹太人的智慧。我时常想起他们赛如黄金般的语言,因为我从经验里找到了这些讲话的证明。

我完全同意他们的讲话：

"上帝给人以生命，让他一辈子在阳光下忙碌。我认为这是好事，只要人们在任何劳动中都心情愉快，都能吃好穿好。这是他们生命的组成部分。

"无论上帝把财富、货物和权力交给哪一位，让他欢乐愉快，让他吃好喝好，那都是上帝的安排。"

我还是再来描述我的婚姻生活吧。许多人可以从中找到自己的尊容和内心世界。

结婚以后我们慢慢相互适应了，从此我们刻板地过着一天又一天的日子。永恒的单调——美满婚姻的坟墓——使得我们的生活索然无味，冗长难耐。我们终于失掉了任何的乐趣。结果怎么样呢？各自顺着个人的情绪、性格和想象，互不干涉。我终日狩猎或者和朋友们围聚一堂。她却不是这样，她始终待在家里，并且跟一个或一帮子饶舌妇在闲聊中打发一天天美好的时光。她们谈论城市或当日的新闻，有时候嘲笑仆人的过失。鸡毛蒜皮，芝麻绿豆无所不包。唯有一处是我应该表扬她的：我们常有来客，她却从来没有表示过不满——而我的来客几乎都是各地的一些酒肉朋友。我愿意款待他们，因为我不愿意招致闲议，让他们说风凉话，以为闵希豪森在婚后成了另外一个人，明显地失却了慷慨。

对我或者对我的夫人来说，我们婚姻中的最大不幸还在于没有任何爱情的见证，没有标志物。我们没有孩子。

十多年来，我们始终期待着这一天。可是我们白等了。为了让我的夫人打发一部分时光，我准备抽一个适当的机会，把我亲生的一名小孩转移在她的名下。"也许，"我想，"这样会减少她的一点无聊。"

当然，我心里明白，关键在于以一个巧妙的方式把孩子交在她的手上。估计她会乐意接受，可是千万不能让她知道这个孩子的生命原来是我在打猎时经历的片刻之欢所得的结果。这是男人的罪过和恶作剧，可是女人和姑娘们又为什么来到这个世界上呢？肯定不是单单为了收割青草。

"夫人，"有一回，我看她兴致很高，便开口对她说，"我必须跟您商量一件事，当然您肯定不会生气的。正如您知道的，接济穷人是我们基督教的义务。上帝宠爱谁，赐给他更多的恩惠，他就应该行好事，接济别人。我们家庭殷实，财源广进，如果愿意的话，我们可以做很多善事、好事，为我们今后积福。

"我刚从一次愉快的旅行中回来，同行的还有一批朋友、邻居，组成了一个欢乐的团体。旅行途中我们曾经放量地喝过一回酒。席间，朋友伊克思建议扔骰子赌博。说到赌博，大部分朋友都知道，我在这方面跟其他方面一样，是多么厉害的强手。"

"我也可以为您作证，"她说，"您赢了他们很多钱，现在已经没有人敢跟您对擂赌博了。结果是您自己丧失了寻欢作乐的机会。"

"我自己也不愿意跟他们赌博。而且，如果我们不以钱打赌，那该多好啊！可是我做不到，我的口袋里不能装钱。我现在每次都往外掏——行了，这回说是掷骰子。"

"不是赌钱吧？"

"不！我必须真实地告诉您这回赌一个漂亮的男孩。他的名字叫约翰，基本上算是拉扯大了，今年五岁，已懂礼貌了。一个男孩犹如一名天使，然而他却是没有父母亲的孤儿。"

"结果是您赢了？"

"对！我们一共掷三把骰子。谁在三把中赢得的点数最多，他就赢得孩子，把孩子作为个人财产。我的朋友封·迪共扔了十五点，而我累计十八点。看来这是命中注定，也就是说：闵希豪森膝下无子，于是他得到了应该有的后代。他会把孩子培养成一个勇敢而又正直的小伙子，我应该把他看作自己的儿子，并且立誓把他培养成人，我果然得到了，现在把孩子交给您进行可靠的教育。"

"哈！我已经熟悉您的这种把戏。好吧，就算这样吧！您把孩子带进来，让我瞧瞧。如果他让我满意，我就收留他。"

孩子马上被带进来了。约翰已经学过，他知道该怎样伺候妈妈。他吻着妈妈的手，以愉快而又甜蜜的微笑偎依在她的身旁。效果立即来了——马上听到一个喊"我的可爱的约翰"，而那一个则没有"妈妈"不开口。

当我看到终于获得成功时，心里真有说不出的高兴。

更使人满意的是，这个孩子出落得一表人才。他身材修长，像一棵挺拔的松树，头脑聪明，远远胜过同龄的孩子。可是，在他身上也存在一种执拗和愚蠢的气质，这也是很少孩子所能具备的。另外，他被妈妈宠爱得除了长成一个标准的废物和饭桶以外，别无其他可能。

我们俩觉得他是一块天生的当兵料子。拆卸火枪火器是他的拿手好戏。他在十六岁参加队列训练所取得的成绩远远胜过某些四十岁的初级军官。

我早就下决心，只要有机会就把他送到远方的世界去，让他在那里尝试自己的命运和幸福。

可是怎么又摆脱他，又不让夫人知道呢？这个孩子尽管蠢事不少，到处干恶作剧，可是夫人却十分溺爱。

不久，机会来了。闵希豪森夫人必须为家庭事务前往里加，正好可以在这段时间里让约翰开始他的新生活。

我的才能使得我再显身手，取得又一次预期的成功。

我驯养了几只野鹅，每天早上都赶它们到草地上吃食，它们就栖息在那里。鹅儿们都很乐意，尽管在开始时它们十分惊恐，而现在，它们只要见到我，马上就扇动翅膀朝我长奔过来，嘎嘎地欢叫着，有时用鹅嘴在我的脚背上吻来吻去，十分亲热。经过四个星期的喂养，有几只野鹅不仅让我，而且让约翰用手抚摸，有时候甚至可以直接抓它们，它们也不会回避。总之，我们已经能够随意地摆布它们。

我隐隐约约觉得它们马上要迁移到南方去了，于是便把一捆衣服绑在一只鹅背上，让另一只鹅驮着许多干粮，而第三只鹅经过专门调教和训练，那是专门用来背送约翰的。

约翰已经进行了多次练习。我把事情安排得很周到，多次让儿子利用早晨时间骑坐在鹅背上任鹅飞行。

这天早上，野鹅们显出了种种远飞他乡的迹象。约翰高兴地骑在鹅背上。野鹅们嘎的一声，腾空而起，它们驮着约翰一直朝着温暖的南方飞了过去。从此以后，我再也没有见过我的约翰，也没有听到过有关他的消息。

我的夫人旅行回来，当她听说儿子远走高飞，短期内可能不会回来，甚至可能再也见不到了时，她气得几乎寻了短见。

她像所有的女人一样，第一天痛苦不堪，第二天还在唠叨着孩子的事，待到第三天似乎不再想孩子的事了，而第四天则彻底忘掉了任何烦恼。

相反，当我失掉她的时候——那是此后半年多的事情——我的心情非常留恋，这真是全世界都难以为之作证的。习惯产生巨大的力量，我们已经相互适应，相互习惯了。她也许将我忘掉了，可是我却一时难以做到。算了，我一生中伟大的历史时期结束了。我应该借鉴许多例子，它们都可以向我昭示下一个时期的生活，常常是一些不祥之兆。然而我却不去理会。命中注定我肯定将要每况愈下，比从前更加不幸。女人哪，女人！你们都是些什么呢？你们到底有什么能耐？可是，如果一位老年男子是个小丑，那该怎么办？而我——正是这样的人。

通常在人的生活中会有这样的现象。人们没有的东西，他竭力希望得到；人们盼望它，犹如孩子渴望拨浪鼓一样。人们有了的东西，却又不想要它，人们会抛弃它，不再喜欢它。

大家可以思考并且判断，我在经历一个月、半年、一年以后，心中的空虚和失落感竟会如此巨大。我似乎感到身体里面已经没有了心脏。空虚和失落在不断增长，我渴望再有一个妻子。

茫茫世界，我找不到一席安宁之地。椅子、草地都给我添加许多烦恼。我想象着有一位女性陪伴左右，她能分担我的弱点，我的激情。

上帝不负苦心人，机会终于来临了。霎时，又是鲜花盛开，夜莺鸣啭。它们在我的山坡和花园里欢唱着："可怜的人儿！但愿你像我一样地去爱，你会娶得一位夫人！"其他的鸟儿也齐声附和："为生活而欢乐吧！"鸟语花香，经久不息。

那是五月，一个美丽的傍晚。我看着满天云彩，周围镶着一道金边。站在一座庙宇旁边，我独自顾盼，听着欢乐的鸟儿合唱，我慢慢地躺在草地上，思想随着芬芳的夜空飞到很远很远的地方。我依稀看到一辆行车悠悠降落，离我越来越近。我想，我大概应该魂归天堂，被接到豪华世界去了。

我终于看清楚了，这是云彩中的一辆行车，车内坐着我那已故的夫人。她看着我，露出甜蜜的微笑，说："闵希豪森，您深深地烙印在我的灵魂深处。既然是上帝的意思，您就再娶一个。结婚去吧！"

"我应该再度结婚？您还是干脆把我带去，让我们共同生活在安乐之乡！"

我正要纵起身来用手拉车，突然——行车，妻子，云彩，一切都消失了。天空中飘来了夫人的说话声："您的大限尚未到来！"

我的思想充满了无限的想象，翻江倒海，巨浪滔天。整个的图案都不能从心灵深处抹去，我几乎没有一刻时间能够离开这种想象。云彩里的景象如同梦幻一样萦绕脑际：那是一辆车，我清晰地看清她那美丽的脸庞，听到她那温柔的说话声。

我站起身，准备回家。我在久久地思考她的讲话，推敲她的建议，却像一根木头似的立着，直到我的仆人走过来。他已经喊我几声了，现在又推了我一把，把我带回家中。这时候我才发现，这一场深深的思念竟使我忘却了时间。

第二天晚上，又得到了更多，更大的启发。昨晚的形象又栩栩如生地出现了，只是车辆降落得没有那么低，我一点也够不上它。

夫人同样对我嘱咐："您要娶一个门当户对的姑娘。她要熟悉您，同情您的处境。您千万别看中财富，要重人品、心肠。娶一个姑娘，她是因为您，而不是您的财富吸引了她。她是您晚年的精神支柱，您会幸福的！"

说完话，夫人又消失不见了。我真想再多听一点教诲，可是一切都像昨天一样，永远也不能如愿。

又到了同样的时辰，呈现了同样的现象，看到了我的美丽的夫人。我经过深思熟虑，想出了所要提的问题。听说凡人向仙人或者神灵提问题不能多于一个。我当时的问题是："请告诉我，吉祥的使者，请告诉我那个人的名字！"

回答很简单："可惜这不在亡妻的任务之列。人的愿望是无可束缚的，人必须自由地选择幸福或者厄运！"

说完她又不见了，而且从此以后再也没有出现过，不管我怀有多么强烈的愿望。

我反复地思考，希望寻得一个答案，几天，几个星期，几个月过去了，漫长而又懒散，时间犹如灌了铅，拖着沉重不堪的步伐。我也找人商量，可是于事无补。我在东一个或西一个熟人处得到一点启发，但随即又发现，事到临了，这些启发都是互相矛盾的。他们不愿听安乐园的故事。道理很简单：谁知道您究竟做了什么梦！他们向我预言，人们所能预见的，只是贫困、痛哭和悲伤的时日。于是我决定向一位正直的姑娘，向封·贝小姐表白我的心意。不管我是何等难堪，我还是草就了下面的一封情书：

亲爱的小姐：

当您览读这封信的时候也许会发出耻笑。我是一位老人，丧失了贤惠的前妻——希望重新婚娶。

我虽然年老，但正如您所知道的，我是世界上最有名望的男人。我无需钱财，只是渴望得到您的一颗心。如果您愿意嫁给我，照顾我的晚年，您会获得一世幸福。翘首企盼回信，愿闻尊意。

仰慕您的H.封·闵希豪森

信递走以后我神思恍惚，每时每刻都在盼望福音临门，等待姑娘的回信。回信果然到了，只见信上写着：

尊敬的先生：

感谢您十分友好地向我表达了自己的心迹。先生名扬天下，成就如山无可比拟，且著作等身，还被译成世界上各种语言，令我等诚惶诚恐。因此，如果对您做出一个拒绝的答复，那就无异对您亵渎而给自己埋伏下最大的遗憾。我愿意考虑您的愿望、您的请求，只是希望您耐心地听我叙述几点希望，敬请谅解。

我还年轻，尚不足十八岁，而您已经年逾古稀。毫无疑问，我会尊重高龄之人。我将敬重您如丈夫，如老人，如父亲；可是您也应该宽宏大量地对待我。因为我洋溢着青春烈火，因此您应该允许我有一些体面的自由，它既不会伤害您的体面，也不会给您和我带来任何损伤。

我很漂亮，从未断过追求和仰慕的人，将来自然也不会寂寞。如果您对稍嫌出轨的行为、玩笑或年轻人的接吻表示戒备或者妒意，甚至显示出一种仇恨，那么我们最好还是趁早分手。

　　我并不富裕。可是您并不需要、并不追求财富。这方面您已经作过剖白。

　　另外请您尽可放心，我能够让您过一个甜蜜的晚年。我将尽力使您对一切满意。倘若我在明天没有收到其他回音，那就意味着我们的结合已经成立，后天我就到了您的怀里。

您的忠诚的阿·封·贝

　　热恋中的人——人们几乎要说，老年人更比年轻人热恋得厉害——是耳目失灵的。尽管这封信措词优美，我难道还不能从中看出未来生活的景象吗？

　　我没有做到这一点，我赞赏这封甜蜜的回信，无论在家，在花园，在庙宇，走到哪里都要拿出来捧读一番，足足读了一千遍。我对自己新的处境十分满意，高兴得近乎得意忘形。我急不可耐地等待着我的心肝宝贝来到我的面前。其实，她完全可以作为我的孙女，可惜我的孩子也已经十年没有见面了。

　　犹如一抹朝霞，她来到我的身旁，顿时阳光明媚，晴空万里。多么欢乐呵！

　　当马车吱吱嘎嘎地来到宫殿广场，我的心跳动得多么剧烈！我迈开痛风的双腿，踉踉跄跄地朝着马车颠了过去，在那里我立刻中了魔法似的迷上了这位漂亮的少女。她是女性中最漂亮的一员，从头顶到脚尖，无可挑剔，无可指摘。真是爱神维纳斯转世——最完美的典型。恐怕连维纳斯的形象画出来也不及她的漂亮。

在婚约签订的当天，她又随男女傧相一起回去了，几个星期以后她终于成了我的妻子。我受尽了这段时间的煎熬。"啊！"我想，"但愿有一位善良的仙女给我递上魔汤，让我喝过以后能够年轻二十岁！"

婚礼就在我的家中举行，因为我年迈不宜出远门旅游。我邀请了亲朋好友，大家又吃又喝，欢闹到半夜，然后各自打道回府。

人们也许会说：世界上再也没有比热恋的老人更为可笑，更加令人腻歪的了。既然这也是真理，我为什么不能这样说呢：没有一只公鸡愿意如此深情地围着母鸡打转，就像我围着美丽而又年轻的姑娘一样。健康的花朵欢乐地浮现在她那玫瑰似的脸颊上，善良而又蔚蓝的眼睛里闪烁着幸福的光芒。

可是就在新婚的第一个晚上我就坦白地说出了自己的忧虑，恐怕很难让她满足、中意。

面对她那强烈的纠缠不休，我不得不承认我是一位老人，不仅在这方面，而且在其他的弱点方面也敬请谅解。爱神已经不再如此忙碌，他只需往婚姻爱情的烟囱下撩拨一些炭火，希望保持一点火苗，自身的火焰却早已熄灭了。

"您一定会满意的，"我稍稍提高一点声音，说，"如果我每个季度都给您尽一次责任。"

"季度？这个字我没有听说过。一夜有多少回季度？"

听到这样的提问，我忍不住大声地笑了起来。"一个天真的玩笑！"我一边说，一边抚摸着这位放肆女子的面颊，"慢慢您会看到的。"

她叹了一口气——转过身去，睡着了。

她过着十分挥霍的生活，两个月时间里支出了一大笔款子。这真是太多太厉害了。可是有什么其他办法呢？我对此很不习惯，因为我的亡妻，可怜我还不准提到她，从来不主张挥霍的。她是按照我们那个时代的礼貌承受教育，按照精细的要求培养起来的。

年轻的绅士们天天与她聚在一起，建议举办欢乐的晚会——把我这位老人孤孤单单地撇在一旁。类似的行为无休无止。年轻的先生们纷至沓来，一位还没有离开，另一位就已经叩响了门铃。然后开始拥抱，接吻——而且当着我的面。"天哪！"我想，"树条绿色的时候就是这副模样，将来成为枯枝以后怎么办？"

事情愈演愈烈。现在到了跟年轻的绅士们结伴而行，前往汉诺威、卡塞尔、比尔孟德等等地方，以致我不得不多次地表示异议。可是没有人理睬。光有一个宽宏大量是无济于事的。

我也迫不得已了，而且，换了另外一个人在我的处境将会怎么办呢？我让她哪里来，哪里去，重新回到自己的家乡。我提出诉讼，要求离婚。

我不止一千回地希望亡妻能够重新归来，可是永远也不能实现了。当然，有时候我也把她称作阴司魔王，这里更多的是出于真正的信仰，而不是玩笑。一位先哲独具慧眼，他留下了一段著名的诗句：

> 世界上最完美的女人
> 定是丈夫最大的祸害！
> 如果任其穷困潦倒，
> 尝试着在她的驼背上
> 每天涂抹十次蓝颜色——
> 一切魔鬼都会烟消云散！

我生平的第二次婚姻算是这样结束了。现在我宁可不要妻子。我的体质经历了折磨，我愈来愈感到体力在衰退。年龄也许起了一点作用。可是，如果有一位善良女人的精心调理，那么我的生活这朵腊梅将会开放得何等灿烂！有许多年轻人，他们有着老年人的种种弱点。然而也有不少老人，他们童心犹在，跟年轻人一模一样。

伤口逐渐地结成痂疤，需要人们做出许多努力，付出代价。时光是我们命运的安抚天使，它也尽了自己的责任。一天一天地过去，一个星期一个星期的消逝，一个月一个月地划去。整整一年了，我才重新参加朋友的聚会，安享一点友谊的乐趣。从前的一些知心朋友在我经历那段古怪的时期里已经很少前来造访，现在他们又逐渐地聚拢过来，而且想方设法地希望让我从寂寞中重新活泼起来。

我有一位亲戚，是个正直而又杰出的青年人。他从哥廷根前来度假，顺便带来一首美丽的诗歌：

　　　　我静静地坐在草地上，
　　　　周围盛开着朵朵紫罗兰……

　　诸如此类，一首欢快的田园歌曲。
　　天空晴朗的时候，或者中午饭后，我们一起来到野外，坐在绿草地上，常常放声歌唱。仆人约翰和我的猎友坐在离我远一点的地方，吹动森林号角为我伴奏。这是我耳朵所能享受的精神美餐，愉快的感觉无与伦比。我忘掉了一切——任何的烦恼，痛苦和不幸，忘掉了老年的筋骨痛风。我似乎回到了青年时代，像年轻人一样，以巨大的热情无所畏惧地引吭高歌。我喜欢这首歌，所以趁着兴致和了一曲，算是模仿一回。每当高朋满座的时候，它就成了我表示未来心愿的拿手歌。许多朋友热爱生活，喜欢畅饮，向往天堂，我把这首小诗奉献给他们，以祝愿共同愉快：

　　　　我悄悄地坐在桌子旁，
　　　　四周围着亲朋和好友；
　　　　于是我也想开怀畅饮，
　　　　夜幕里升起微笑的金星。

　　　　匆匆忙忙的人生啊，

赛如前进滚动的车轮；
啊，它甚至比闪电，
穿过空中还要快三分。

你我他均为女人所生，
都是世间的尘土；
这人早一点，那人迟一点，
我们都将成为死神的祭品。

坟墓中漆黑一团，
结结实实笼罩我们的身躯，
纵使建筑了华丽的墓碑，
于我们死者有何裨益？

宁愿活着啊，
只要有可能！
人间友谊万古长青！
祝福吧，只要还能干一杯！

我愿高高兴兴地喝酒接吻，
直到最后颤颤悠悠地
来到阴间世界，那是
人生无限悲痛的王国。

闵希豪森男爵的临终时刻和丧葬奇迹

　　1796年初秋。闵希豪森渐渐地进入了另一个阶段，体质体力明显地衰退。他的欢乐和开朗消失了，讲故事的爱好也一去不复返。他不愿意看到身旁有很多朋友，不愿意任何的寻欢作乐。他时常呆滞地沉思，双眼深深地凹陷下去。看起来他似乎只在转悠着死神的念头，忙碌着阴司和坟墓的事务。有时候他一连几天卧床不起，只是偶尔趁着下午的秋日阳光由我和他的朋友封·阿男爵架着双臂在门口走动一阵，他睡眼惺忪，满意地随着我们。我在那段时间里日夜不离他的左右。他十分赞赏，说除了我以外任何人都不能那么体贴入微地扶助他，不会关心他的细微需要。我们扶着他呼吸清新而又纯净的室外空气，欣赏着大自然的优美风光。闵希豪森从来就是大自然的热烈的爱好者，他仔细地观察，看树木叶子不断地呈现黄色，每时每刻都在消逝着美丽和鲜艳。树木在脱落自己的衣衫，大自然的景象成为人生的明镜。回顾自己，他更是黯然神伤。

　　封·阿男爵和我千方百计地想让他欢乐、高兴，只是在最后的几天时间里我们的各种努力都宣告无效。他经常听不到我们究竟在讲什么。他的意识和器官在麻木。他进食很少，甚至完全不吃，也不要医生，而且连请医生的话都不愿意听。纠缠他很长时间的痛风病比以前发作得更勤，更厉害。他在临终前的两个星期里几乎没有起过床。

"我见不到明年的春天了！"他说，声音低得几乎听不清。

"一个生病的人不可能病得没有恢复健康的指望，"男爵封·阿回答说，"同样，健康的人也不会健康到没有去世的一天。"

两个人就这番话题扯来扯去不可开交。我看他们争论得渐趋激烈，便独自走出门去。开始时我不理解，为什么一对十分默契的朋友现在却如此地难以统一。待我重新进屋的时候，只听封·阿说："闵希豪森，您应该丢掉这些古怪的念头。人们不应该抢在时间前面胡乱地担心思。该来的事，就让它来吧。"

"而我，"他说，"则请您掏出几把手枪来。您是一名绅士，我也是。我应该拯救自己的荣誉。"

男爵阿不想涉及这样的话题，可是无济于事。他了解闵希豪森的性格和气质。最后，尽管他感到十分痛苦，还必须接受这项挑战。

当然，他也试图着用转移话题来转移他的思想，因为他觉得也许是发高烧导致闵希豪森产生胡思乱想。可是不然，闵希豪森是非常认真的。

"我们应该充分利用美丽的阳光。这里有两把装满子弹的手枪。您挑选一把。我们到花园去，相互对射一同时击发。我们中间谁倒下，就算命中注定。我这副可怜的身躯已经不再在乎这类事情了。"

最近一个季度以来，他几乎从未以如此的力量和激情谈起自己的事。

要求是奇特的。封·阿先生觉得它甚至不合情理，可是这也没有用。他似乎在积攒一身的力量。我们在花园里散步时就在争论，究竟在哪儿进行决斗，然后走上那段艰难的旅程。其实，不管他如何努力，我们几乎费尽了力气，才把他架了出去。一个人到了自己不能做主，控制不了自己的头与腿的时候，身体显得格外的沉重。

我不由自主地流出了眼泪——

"你哭了吗？"闵希豪森说，"我老了，活得厌烦了。我们几百万兄弟在战争中死于这类方式。他们死在荣誉铺就的床上。我是士兵，也愿意这样的归宿。"

决斗的场地是按步伐测定的，一共十五步距离。现在按照特定的号令，双方必须同时对射，不能相差瞬间片刻。

结果怎么样？闵希豪森接过号令权，他数着："一，二，三！"双方枪内飞出了一串子弹。谁能料想到，结果竟是这样的：双方子弹在飞行途中相遇并碰撞了，各自飞散，失去杀伤效力。我要不是亲眼所见，绝对不会相信。由于是真凭实据，我应该为此作证，并重申当时情形确切无疑。

"抱歉了！"两个人异口同声喊了起来，他们看到谁也没有受伤。一对决斗的朋友拥抱在一起，又回到刚才来的地方。闵希豪森已经很久没有这么激动和高兴了，多少天以来，他喋喋不休地始终议论着这一场稀罕的奇迹。

后来，这位奇特而又正直的男子汉身上呈现了许多不久人世的危象，令人担忧。大家都相互叮咛，做好准备，满足他在这一时期的任何愿望。他常常在一分钟内提出十种要求。有时候，仆人和朋友们被支使得忙个不停。

闵希豪森临终的前几天还出了一场人命祸事。仆人约翰和端茶过来的厨房女佣劈面相撞，他们都跌碎了脑壳，结果给临死的主人打了前站。虽然有人把他们很快从屋里搬移出去，闵希豪森还是看到了，他把这件事当作自己的凶兆。他还是重视未来灵魂的物质生活，亲自安排陪葬的祭品。那些在生前反复念叨的，都必须安置在墓穴里。不管效果如何，这毕竟都是他自己的心愿。

他现在时常像在梦呓中讲话，很少听得懂其中的声音。他命令我仔细地听着。我不想提问题惊动他。不过，我即使连续问他两遍，他也不会厌烦。

他不断地嘟嘟哝哝，一天二十四个小时内从不间歇，说了一大堆谶语，我只能理解其中很少的内容。

他说世上将会出现暴力革命，革命无穷无尽，遍及全世界。所有的国家都将群起而互攻。一百年以后，整个世界将变成一个不可分割的共和国。等到二四四〇年，天空会逐渐下降，地球不断上升，美丽的苍穹会成为我们未来的住宅。而且，太阳和月亮的功能也要颠倒，月亮照耀白天，太阳夜里发光。

他给世界算了命，作了一串预言，可惜我有许多听不懂的地方，否则我真想把它们通通介绍出来。

生命临终的时刻，他反复叮咛：只要还有一口气，千万别将他活埋了。于是，他预先订出了许多规矩，让人们知道如何办理他死后丧葬事务。

他读过许多关于过早埋葬尸体的文字，读过关于人生躯壳等传说，知道这等事务如果处理不好，将会严重而又可怕地影响他踏上另一世界的旅程。按照经验，我估计人们又把这种事说得过分玄乎了。

他指示说，他死后必须在家里停尸三天，然后搁在敞开的棺材里，用灵车慢慢地送往墓地安葬。这一天应该邀请所有的生前好友参加出殡仪式。送葬队列可以在晚上九点解散，因为这是他日常习惯了的就寝时间。

此外，整个丧葬时间内不能短缺款待贵客的任何物品。

做出这番安顿以后，他又经历了几个时辰，生命的油灯似乎又在增添光亮。他顽强地挣扎着，想要翻身，并想在床上坐起来。

"我是一名伟大的战士。我的事迹业已载入后人的笔记本上。安静地躺在病榻上，放弃自己的精神，这是绅士所不取的行为。我必须死在荣誉的床上。"这样的思想长期盘旋在他脑海里摆脱不了。他经受着折磨，得不到一刻安宁。后来我才知道，他的朋友封·阿男爵正是在这里冒犯了他。闵希豪森对此十分生气。

高烧烧着生命之线的末梢，它像昏暗的灯芯，闪烁着细微的火花。它随着闵希豪森挣扎着积攒力量，想重新闪亮一回再行熄灭。他又跟封·阿争论起来，责怪人家不关心自己的主张。封·阿十分激动，他看到任何理由都不能改变闵希豪森的初衷。闵希豪森愿意格斗，封·阿男爵必须接受挑战。"实在讲，我很容易就能把您这样虚弱而又可怜的躯壳结结实实地扔在地面上。"男爵封·阿不无恼怒地说。

"我们倒要看一下实际结果！"闵希豪森回答。

他让我挑选一把最好的长剑。

"我们就在房间里比试，行吗？"男爵封·阿提了建议。

"不！我愿意死在荣誉的床上。"

我们又费了很大的劲，好不容易才把闵希豪森架到上一回的决斗场地。他朝着封·阿突击了一大步，而他的手却无需回避或挡开。这时候他慢慢地倒了下来，我连忙凑上去，将他扶住。也许是气闷，也许用力太猛，或者心脏衰弱，同时伴随着心脏病发作——总之，由于一个或多个原因一起作用，他终于不辜负陈年宿愿，心满意足地死在荣誉的床上。

他的脸没有变形，呈现甜蜜的欢乐和安详。"我死也！"他嘴里吐出了最后的一句话。他的朋友封·阿男爵将他的眼睛掩上，吻着他那冰凉的嘴唇。他是闵希豪森的知心密友，始终保持着战友的忠诚和友谊。吻过闵希豪森的嘴唇以后，他转过身，用手擦去了自己眼角的泪水。

我们又把男爵抬进屋子。大家号啕大哭，悲痛失去了一位最好的先生。

封·阿男爵和我遵照他的遗愿，一切按他的要求办事。他负责外部事务，我主内。丧钟和其他必要的仪式都按安葬大人物的要求办理，殡仪礼节上没有出现任何疏忽。我们在心情上也没有任何遗憾和包袱。

他身着军装，如他自己所愿，在灵堂内留驻三天，供人瞻仰。前来哀悼的人有老有小，不绝于户。

第四天下午，参加安葬仪式的人全都到齐。每个参加的人都该知道怎么办，所以并不缺乏任何东西。

我作为总指挥，手上擎着裹饰花卉的指挥棒，十分荣幸地率领着灵车队伍。晚上九时，几百盏通明透亮的灯笼点缀着出殡的队列。看着这番景象，让人别有一番滋味在心头。

他安静地躺在敞开的棺材内。灵车前驾着六匹大马。按照风俗，马背上一律披着黑纱。已故男爵的仆人牵马走在前列。二十四名扛抬灵柩的人全部戴孝，长衫一直拖到泥地。他们在灵车边上慢慢地走着，隆重又稳健，看起来像不在走动一样。

他一步步地被送往教堂，安放在祭坛前，周围响起一阵悲伤的哀乐。人们再把他送往墓地安葬。

可是，在队里又出现了奇迹。谁也不敢想象竟会出现如此神秘的事。每一个参加送葬和观看的人都相信闵希豪森已经彻底安息了。然而——

也许是出殡队列或者围观人群中突然走出一个人，我没有看得清楚，周围香烟缭绕，只听他大声呼喊："闵希豪森安息吧！"

死者突然——大家真的吓了一跳，十分吃惊，连马儿都打着响鼻，收不拢步伐——坐了起来，朝周围的人看了一眼，高声地回答："直至永远！"

——他又躺了下去。更让人惊恐不已的是，几百盏灯笼在他往下躺的时候突然全部熄灭，过了好一阵才重新恢复，又现出一片光明。

后来，人们惊魂稍定，看到他确实没有任何生命的气息了，才把他送进教堂的墓室。那是圆拱形的建筑，他被安葬在亡妻的棺木旁。一切如他生前的心愿。

我怀疑并相信他说不定还能活过来，于是便一日数次地前来察看。直到两个星期以后才不甘心地盖上棺材，用螺丝拧紧，锁上圆拱形的墓室，退了出来。

一位侠义心肠的好人，他的遗骸安静地躺着。他为人诚恳、正直，气质热烈、活泼，攀朋结友，从大自然汲取了无限的营养，化为美丽的想象，然后再在欢乐的时刻对思想和艺术千锤百炼，把生活的乐趣送给了朋友，欢娱了多少人的生活和灵魂。

闵希豪森啊，功绩千秋万代。

他的墓碑上刻着：愿灵魂安息！认识和热爱他的人都虔诚地念诵："阿门！"

21.3